Vers un libéralisme responsable

44 propositions
pour une entreprise plus humaine

Éditions d'Organisation
1, rue Thénard
75240 Paris Cedex 05
www.editions-organisation.com

© Éditions d'Organisation, 2004
ISBN : 978-2-7081-3142-2

CJD
Centre des Jeunes Dirigeants d'entreprise

Vers un libéralisme responsable

44 propositions pour une entreprise plus humaine

Deuxième tirage 2005

**Éditions
d'Organisation**

Les publications du CJD

- *Construire le travail de demain, cinq tabous au cœur de l'actualité*, Éditions d'Organisations, 1994.

- *Ressources illimitées ou l'incroyable parcours d'une entreprise qui a osé se remettre en question et comment elle a réussi* – Cahiers du groupe de recherche économique et sociale n°5, Vetter Éditions, 1995.

- *L'entreprise au XXIᵉ siècle*, Flammarion, 1996.

- *Pour l'entreprise, l'homme est capital,* Vetter Éditions, 1998.

- *Documents confidentiels*, Cahiers du groupe de recherche économique et sociale n°6, Vetter Éditions, 1998.

- *Osez le Bonheur,* Cahiers du groupe de recherche économique et sociale n°7, Vetter Éditions, 2002.

- *La surprenante histoire de Claude-Jean Desvignes, jeune dirigeant,* Éditions d'Organisation, 2004.

- *Le guide de la performance globale*, Éditions d'Organisation, 2004.

Le CJD

Le Centre des jeunes dirigeants d'entreprise, CJD, est une association créée en 1938, qui rassemble 2 500 chefs d'entreprise et cadres dirigeants, animés par la commune conviction que l'économie doit être au service de l'homme et que la finalité économique de l'entreprise est indissociable de sa finalité sociale, sociétale et environnementale.

Le CJD est un mouvement patronal qui ne cherche pas à défendre les intérêts d'une catégorie mais à accompagner dans sa mission tout dirigeant conscient de ses responsabilités envers l'entreprise, les femmes et les hommes qui la composent et la société dans laquelle elle s'inscrit.

Ce livre reprend les textes et les propositions des huit derniers rapports d'étude publiés par le CJD, de février 2002 à janvier 2004, et qui sont le fruit de la réflexion de différents groupes de travail composés de chefs d'entreprise membres du mouvement.

La rédaction de l'ensemble des textes a été assurée par Bruno Tilliette.

Sommaire

2. L'entreprise et l'homme, un avenir commun

Ouvrir la voie à un autre libéralisme

par Sylvain Breuzard, président national du CJD

La France a besoin d'être réformée. On ne trouvera plus guère de voix pour s'élever contre cette idée. Les grandes mutations économiques et sociales, intervenues ces 25 dernières années, nécessitent une adaptation de nos institutions, de nos règles, de nos comportements, de nos modes de fonctionnement aux réalités nouvelles. Nous vivons toujours plus vieux, en meilleure santé et plus riches[1] dans un monde toujours plus instable et incertain que le développement des communications a rétréci en même temps qu'il l'a ouvert. Notre niveau d'éducation a considérablement augmenté, nos relations sociales et familiales se sont transformées, le travail n'est plus la valeur centrale de nos existences, nous avons gagné en liberté ce que nous avons perdu en sécurité. Pendant ce temps, l'État, l'administration, les institutions politiques et économiques, les systèmes d'éducation, de santé, de protection sociale ont eux aussi bougé. Mais, semble-t-il, moins vite que les Français et dans un sens que l'on a parfois du mal à décrypter. D'où un double sentiment d'impa-

---

1. Malgré les « crises » successives, notre richesse nationale a plus que doublé en 30 ans mais les inégalités entre riches et pauvres se sont creusées.

tience et d'inquiétude. Impatience face à des réformes qui nous paraissent indispensables et qui tardent à venir, inquiétude face à ces mêmes réformes, quand elles arrivent, parce qu'elles remettent en cause nos acquis, parce que nous voyons ce qui nous est enlevé sans saisir encore les éventuels avantages à venir.

Il faut réformer, donc, mais toutes les réformes, quels qu'en soient les initiateurs, se heurtent à d'intenses résistances. Car personne n'est d'accord sur les moyens et encore moins sur les objectifs. Les gouvernements n'ont alors apparemment d'autres choix que reculer ou passer en force. Et en subir les conséquences électorales.

Pour se dédouaner de sa responsabilité, le réformateur sanctionné invoque alors un défaut de communication, un manque de pédagogie. Le projet était bon mais il a été mal présenté. Et puis les Français sont d'incorrigibles râleurs, trop versatiles.

C'est sans doute en partie vrai. Mais l'explication est-elle suffisante ? Plutôt que de communication ou de pédagogie, ne faudrait-il pas parler d'une absence de vision et de méthode, d'un manque de sens qui font que nos concitoyens ne comprennent pas où on veut les mener et pourquoi telle mesure serait préférable à telle autre ? Pourquoi tant de milliards d'euros pour cette catégorie-là et rien pour celle-ci, dont les revendications semblaient plus légitimes ?

Le CJD, dès sa création, en 1938, a toujours pris position sur les grands problèmes de société dans la mesure où ils concernaient, directement ou indirectement, l'économie et l'entreprise, et à raison d'une publication annuelle en moyenne – livre ou rapport d'étude. Depuis deux ans, ce ne sont pas moins de huit rapports qui ont été rendus publics tandis que deux livres viennent de paraître[1], avant celui-ci. S'agit-il d'une bouli-

---

1. *La surprenante histoire de Claude-Jean Desvignes, jeune dirigeant* et *Le Guide de la performance globale*, tous les deux aux Éditions d'Organisation, 2004.

mie de prise de parole ? Non, plutôt d'une volonté de faire face à l'urgence des problèmes qui s'accumulent dans les entreprises et dans la société faute de trouver des solutions concrètes et durables. Et d'un désir de sortir de la confusion, de prendre de la hauteur.

Les huit documents de réflexion qui constituent le présent ouvrage sont d'abord ancrés dans l'actualité de ces deux dernières années, 2002-2004. Ils apportent le point de vue de notre mouvement sur des questions qui ont été posées par les responsables politiques aux acteurs économiques : l'attractivité de la France, la simplification administrative, les liens entre entreprises et territoires. Ou ils sont nés de notre propre initiative, comme notre contribution à des débats essentiels : l'emploi, les retraites, le dialogue social, la formation, le développement des PME.

Si nous avons souhaité les réunir sous une même jaquette, c'est bien sûr pour qu'ils soient accessibles à un plus large public que les habituels lecteurs de rapports. C'est aussi parce que nous estimons que leur contenu n'est pas dénué d'intérêt. Mais c'est surtout parce que, malgré la diversité des thèmes traités, ils sont reliés par un même fil conducteur, ils sont portés par une même dynamique : tenter de rendre les changements possibles et acceptables par tous.

Pour y parvenir, il nous semble, d'abord, qu'il faut être porteur d'une vision. La nôtre, quelles qu'en soient les déclinaisons – entreprise citoyenne, performance globale – reste habitée par l'idée que l'entreprise est au service de l'homme, que la production ne tire sa valeur que du bien être qu'elle apporte à la société.

Cette vision inspire, d'une manière ou d'une autre, tous ces rapports. À chaque fois, nous essayons d'inscrire notre réflexion dans une perspective sociale large, en nous interrogeant sur les finalités qui nous guident, sans succomber aux sirènes de l'immédiat ni à des visées corporatistes. Car nous avons acquis la certitude que, pour régler les difficultés à court terme, il est indispensable de se préoccuper du long terme, d'avoir un projet. Et c'est aussi, souvent, ce qui nous permet de changer notre regard sur la réalité. Un seul exemple : quand on veut renforcer l'attractivité de la France, faut-il s'engager dans une guerre compétitive sans merci avec les autres pays ou, au contraire, construire une attractivité commune où chacun trouverait sa place en fonction de ses propres atouts ? Autrement dit, l'attractivité de la France a-t-elle un sens si elle ne se rattache pas à celle de l'Europe, si elle ne tient pas compte des attentes des pays du Sud ?

Pour avancer, pour justifier les changements indispensables, on a aussi besoin de repères. Pour certains, ils sont avant tout économiques : telle ou telle mesure va-t-elle me faire gagner plus, ou moins, d'argent ? Pour le CJD, il s'agit plutôt de se référer à des valeurs parfois oubliées mais terriblement nécessaires. La responsabilité, qui est la première de toutes et permet d'avoir une vision claire des conséquences de nos actions dans le temps, dans l'espace et envers les autres. La solidarité qui nous rappelle que nous sommes tous liés par une communauté d'intérêts et que l'intérêt général doit prévaloir sur des intérêts particuliers. La loyauté sans laquelle nos engagements se griment en tricherie. Le respect de l'homme qui exige que chacun soit reconnu dans toutes ses dimensions. Si une réforme est menée à l'aune de ces principes, qui peut, de bonne foi, s'y opposer ?

Enfin, il faut avoir une méthode. Nous n'en voyons pas de plus efficace que le dialogue et la concertation. Il n'existe plus de réponses simples et universelles à quelque question que ce soit dans nos sociétés modernes et ouvertes. Et nul n'accepte plus les décisions imposées d'en haut. Celles-ci doivent faire l'objet de négociations équilibrées qui demandent de réunir autour d'une table les représentants de tous les acteurs concernés et d'essayer de concilier leurs intérêts contradictoires. Du temps perdu ? Au départ, peut-être. Mais au bout du compte, chacun ayant pu s'approprier la décision, sa mise en œuvre est bien plus rapide et ne se heurte plus à aucune résistance, ni travail de sape.

Partir d'une vision, pour changer de regard et ouvrir les esprits. S'appuyer sur des valeurs, sources de crédibilité et de cohérence. Définir une méthode, fondée sur l'écoute et le respect mutuel. Ces trois étapes conditionnent, à notre sens, la réussite d'une réforme et donne du sens aux propositions qui la concrétisent.

Pour autant, cela ne veut pas dire que les réflexions et propositions que nous livrons dans les chapitres qui suivent soient toutes justes et que nous ayons raison sur tout, loin s'en faut. Il ne s'agit que d'un point de vue qui doit se confronter à d'autres pour s'enrichir et inventer des réponses nouvelles aux défis qui se posent à nous. Face à une réalité complexe et changeante, personne ne peut prétendre avoir absolument raison. C'est la démarche en elle-même qui nous paraît raisonnable et porteuse de sens.

C'est elle que nous expérimentons au quotidien quand nous cherchons à dépasser la seule performance économique pour aller vers une performance plus globale qui sache concilier les intérêts contradictoires des différentes parties prenantes de nos entreprises, y compris les plus éloignées : salariés, clients, fournisseurs, actionnaires, environnement social, environnement naturel.

Plus qu'une finalité, très difficile à atteindre, la performance globale nous apparaît essentiellement aujourd'hui comme une méthode de bonne « gouvernance », génératrice d'un état d'esprit nouveau. Nous avons bien conscience que la société ne fonctionne pas comme une entreprise et que les interactions qui s'y produisent sont encore bien plus complexes. Et nous ne souhaitons pas nous poser en donneurs de leçons. Pourtant, celles que nous tirons de nos expérimentations nous amènent à penser que la méthode pourrait aussi avoir du bon pour une meilleure gouvernance de nos démocraties qui peinent à retrouver la confiance des citoyens.

L'enjeu est d'importance au moment où nous sommes ballottés entre les « ultras » et les « alters ». L'ultralibéralisme veut nous prouver que tout passe par le marché et les altermondialistes qu'il est la cause de tous nos maux. Comment sortir de ce manichéisme idéologique ? Ce que nous aimons dans le libéralisme, c'est la liberté : liberté de penser, d'apprendre, d'agir, de circuler, d'entreprendre. Ce que nous aimons dans l'altermondialisme, c'est le souci de l'autre et du monde. La voie que nous essayons de tracer est celle d'un libéralisme qui se soucie des autres et du monde. Elle est difficile, parce qu'elle est tortueuse et semée de contradictions. Mais les routes trop lisses et trop droites mènent souvent au totalitarisme. Alors nous préférons assumer nos contradictions. Et nous chercherons toujours à convaincre plutôt qu'à vaincre.

C'est notre façon d'assumer notre responsabilité sociale et sociétale de dirigeants.

Avertissement au lecteur

Les huit rapports présentés dans ce livre sont publiés dans leur version d'origine. Les textes n'ont été modifiés que sur des détails pour en faciliter la lecture suivie : suppression de certains intertitres qui étaient trop nombreux pour le format livre, modification de quelques paragraphes quand ils étaient redondants d'un rapport à l'autre ou faisaient référence à une actualité dépassée.

Le nombre des propositions, par contre, a été réduit de moitié et elles ont été retravaillées pour ne retenir que celles qui paraissaient les plus essentielles et les plus pertinentes et laisser de côté celles qui avaient un caractère plus ponctuel et anecdotique. Certaines de ces propositions ont, depuis, été reprises, partiellement ou totalement, dans des dispositifs légaux ou dans des rapports officiels : les textes de référence ont été à chaque fois mentionnés.

Les rapports ne sont pas regroupés par ordre chronologique, mais selon deux grands axes : d'une part, ceux qui concernent les relations entre l'entreprise et la société sous leurs différentes formes, d'autre part ceux qui s'attachent à améliorer les liens qui unissent entreprises et salariés.

Les conclusions de chacune des parties sont inédites. Elles ont pour objectif de replacer le contenu des rapports dans une perspective plus large, d'inscrire les changements à engager dans une vision à plus long terme des évolutions de notre société.

1

L'entreprise et la société, un espace commun

chapitre 1

Quelle attractivité pour la France au sein de l'Europe ?

Introduction
Les richesses du vieux continent

Ainsi la France ne saurait plus vendre ses charmes aux yeux du reste du monde ? La voici médiocrement classée (22ᵉ) au palmarès Miss Univers du World Economic Forum 2003 sur la compétitivité globale des nations. Que lui faut-il pour séduire à nouveau ? Un peu plus de rouge à lèvres, un maillot plus chatoyant ou un lifting complet ?

Remarquons d'abord que le miroir qui lui est tendu est de fabrication anglo-saxonne : son reflet privilégie l'image, le court terme et les attraits financiers. Autant de critères partiels et partiaux qui ne sauraient rendre compte des atouts multiples et divers de notre pays. Mais l'alarme est sonnée, le mal est fait : la France se ride au sein de la vieille Europe. Chacun s'interroge sur les langueurs qui affaiblissent cette beauté fanée.

Si le CJD se penche à son tour sur la belle, ce n'est pas pour participer au concert des lamentations. C'est d'abord qu'en tant que représentant de plus de 2 300 dirigeants d'entreprise, il est directement concerné par l'attractivité économique de la France. C'est ensuite qu'il lui semble nécessaire de faire évoluer cette culture d'universalité qui caractérise la France ; l'idée que notre manière de penser devrait uniformément s'appliquer au reste du monde nous empêche de prendre conscience que les pays sont de plus en plus interdépendants. C'est également que cette question entre en résonance avec la réflexion qu'il poursuit depuis plusieurs années sur la notion de performance globale et, de ce fait, avec une vision de la société où les entreprises ont leur mot à dire et des responsabilités à prendre. C'est enfin qu'il juge nécessaire de sortir d'une certaine forme de pensée unique, instillée par les corporatismes entrepreneuriaux, qui ne mesure l'attractivité que sous l'angle technique des allégements fiscaux.

Pour le CJD, l'attractivité se définit bien comme « la capacité d'un pays ou d'une région à attirer et à retenir les entreprises et les populations ». Cette définition, si on l'accepte, demande de s'interroger sur les richesses globales de notre pays et ses potentialités à moyen et long terme. La seule incitation financière ne suffira pas à faire que des activités économiques et des personnes s'installent durablement sur un territoire. Au contraire, à jouer ce jeu, on risque de n'attirer que des prédateurs en quête de profit immédiat, qui repartiront dès qu'ils auront trouvé mieux ailleurs.

Les entreprises soucieuses de performance globale l'ont bien compris. Pour attirer et retenir les salariés dont elles ont besoin – ce qui est devenu pour elles un enjeu majeur de réussite – elles savent qu'elles ne peuvent plus jouer uniquement sur la rémunération. Celle-ci est importante, mais il se trouvera toujours une autre entreprise pour proposer un meilleur salaire. Leur différence concurrentielle réside davantage, désormais, dans les conditions de travail et les plans de formation qu'elles offrent, la qualité de leur management, l'ambiance et le lien social qui y règnent, dans un projet qui ait du sens.

Ainsi, on ne rendra pas la France attractive en baissant drastiquement les impôts et les prélèvements sociaux mais en montrant ce que chacun perdrait à trop les réduire : protection sociale, niveau de formation, qualité de vie, ressources culturelles, infrastructures, réseaux de communication, environnement... Les entreprises qui viendront s'installer chez nous, si elles ne sont pas uniquement préoccupées de faire le plus rapidement possible le maximum de marge, s'apercevront qu'elles en ont finalement pour leur argent. Ces entreprises, impliquées dans le fonctionnement de la société, nous intéressent plus que les autres.

L'attractivité, à notre sens, doit donc être évaluée en termes d'équilibre entre les différents atouts qui font l'originalité d'un territoire, mais aussi d'équilibre entre les différents territoires. À ce titre, il nous semble préférable de voir une France constituée de régions fortes au sein d'une Europe de pays forts, plutôt que cherchant seule à tirer son épingle du jeu. Vouloir régner sur des plus faibles, prospérer à leur détriment, c'est se condamner, à terme, à les rejoindre dans leur affaiblissement. Pour nous, l'attractivité durable des territoires de l'Europe, et donc de la France, n'est possible que dans le cadre d'une harmonisation des règles du jeu, interdisant notamment les paradis fiscaux et préservant les spécificités de chacune de ses régions. Enfin, nous ne pouvons accepter l'idée d'un XXIe siècle qui renforce les inégalités entre territoires continentaux, la France comme l'Europe devant soutenir une meilleure répartition des richesses.[1]

---

1. Ce rapport a été publié en février 2003 sous le titre « Quelle attractivité pour la France au sein de l'Europe ? ».

Attirer pour quoi faire ?

La France est-elle un pays attractif ? Certainement, au regard des 70 millions de touristes étrangers qui passent chaque année, en moyenne, plus d'une semaine dans notre pays et qui font de celui-ci la première destination mondiale, en chiffres absolus. Dans ce secteur économique florissant (près de 7 % de notre PIB), il ne fait pas de doute que notre territoire séduit par la variété de ses paysages, son climat, sa gastronomie, son patrimoine historique, ses infrastructures et, quoi qu'on dise, par la qualité de ses services et de son accueil.

Bien entendu, lorsque le gouvernement s'interroge sur « *les voies à emprunter et les mesures à envisager pour améliorer l'attractivité de notre territoire* »[1], il ne pense sans doute pas au tourisme. Mais à quoi pense-t-il quand il ajoute qu'il faut étudier « *les atouts de l'économie française mais aussi ses handicaps et les freins à sa compétitivité* » ?

Quels sont les domaines de l'économie française qui seraient concernés par un éventuel manque d'attrait ? Et qui faut-il attirer ? De la main-d'œuvre ou des cerveaux ? Des usines, des laboratoires ou des sièges sociaux d'entreprises ? Des investisseurs industriels ou des fonds de pension ? Avec quels objectifs ? L'emploi ? La croissance ? La création de richesses ? Le développement durable ? La suprématie dans certains secteurs ? Sur lesquels de nos territoires ? La région parisienne, la Martinique ou le Limousin ?

Reprenons l'exemple du tourisme où nous occupons mondialement la première place. La situation est-elle totalement satisfaisante ? Certainement moins pour la région Champagne-Ardenne, qui ne bénéficie que d'un peu plus de 1 % des 1,5 milliard de nuitées annuelles, que pour la région Provence-Alpes-Côte-d'Azur qui en

---

1. Dans la lettre de saisine du 4 juin 2002 envoyée par le Premier ministre au Conseil économique et social.

accueille près de 15 fois plus. Pour autant, conscients de ce déséquilibre, pourrait-on en changer les données ? Malgré ses beaux paysages et ses forêts sauvages, la Champagne-Ardenne souffre d'un déficit concurrentiel sur lequel il est difficile de peser : sa position géographique et son climat.

De même, la France constitue un pôle d'attraction très puissant (un peu moins que la Grande-Bretagne, semble-t-il) pour les travailleurs du Sud et de l'Est. Mais il semble que ce ne soit pas ce type de main-d'œuvre que nous voulions attirer – jusqu'au jour où nous nous apercevrons qu'elle devient économiquement et socialement utile.

Ou encore doit-on chercher à faire venir des usines comme celle de Daewoo ou à conserver celle de Metaleurop pour constater quelques années après que les uns se retirent après avoir abusé des financements publics (plus de 30 millions d'euros pour Daewoo) tandis que les autres organisent leur faillite pour ne pas avoir à payer le prix de la pollution et du plan social que la collectivité doit prendre en charge ? Où est, au bout du compte, le bénéfice ?

Faut-il aussi rappeler que si nous sommes les champions des prélèvements sociaux, nous sommes en même temps les recordmen des subventions aux entreprises, l'État reprenant donc d'une main ce qu'il verse de l'autre... ou réciproquement ?

Enfin, il est nécessaire d'avoir en tête qu'une fusion ou une acquisition, qui constitue bien un investissement, aboutit souvent à la destruction d'emplois, contrairement à une création d'entreprise *ex nihilo*. Or, il semblerait, quoique les statistiques disponibles ne soient pas claires, que près des trois-quarts des investissements étrangers directs dans notre pays se fassent sous forme de fusions et acquisitions.

On pourrait ainsi multiplier à l'envi les exemples qui rappellent que la notion d'attractivité est

toute relative et qu'elle doit être envisagée dans la complexité de ses dimensions micro et macroéconomiques.

Il nous semble dès lors qu'on ne peut réfléchir sur l'attractivité, et définir les besoins de notre pays en la matière, qu'en la positionnant au minimum sur trois grands axes : dans quel contexte global veut-on la développer, avec quels objectifs et selon quels principes d'équité ?

C'est à cette aune qu'il faut évaluer les reproches qui sont généralement faits par les acteurs du monde économique à notre pays. Une étude du cabinet Ernst & Young[1] fait apparaître un certain nombre de handicaps récurrents de la France aux yeux des chefs d'entreprise. On peut les citer pour mémoire (par ordre décroissant) : le poids des prélèvements fiscaux et sociaux (pour 93 % des personnes interrogées), les rigidités sociales (85 %), les 35 heures (84 %), le droit du travail, les lourdeurs administratives (62 %).

Les chefs d'entreprise que sont les membres du CJD partagent évidemment ces constats. Mais ils sont conscients, en même temps, qu'il ne suffit pas d'énumérer des griefs ni de prôner une dérégulation à tout va en se lançant dans une course à court terme au moins-disant social ou fiscal, comme cela a malheureusement été fait par certains pays d'Europe[2]. Les problèmes de lourdeur fiscale, réglementaire et administrative, s'ils sont réels et constituent un obstacle tangible aux investissements dans notre pays et à sa

---

1. Réalisée en septembre-octobre 2000 auprès de 350 dirigeants de filiales françaises de groupes internationaux.
2. Il ne s'agit pas ici des pays les plus pauvres de l'Union, comme les pays d'Europe centrale et orientale (PECO), qui viennent de la rejoindre et qui sont, de fait, par leur niveau de vie, moins-disants, mais des pays aussi développés que le nôtre et qui jouent la carte de la concurrence agressive.

dynamique créative, doivent trouver leur solution dans un dessein plus large et dans une vision pour l'avenir.

Une question politique

Pour nous, la question de l'attractivité économique de la France est donc d'abord une question politique. Souhaitons-nous nous refermer sur nous-mêmes en entrant dans une rivalité directe et exacerbée avec les autres pays d'Europe ? Quelle est la stratégie de développement économique qui permettra de définir les meilleurs leviers de notre attractivité ? Voulons-nous, par exemple, consolider notre place de première zone touristique mondiale ? Devenir les plus performants en matière de services ? Rattraper notre retard dans la production des nouvelles technologies ? Développer le réseau de nos PME afin de renforcer le tissu économique et de créer des emplois ? Enfin, quel rôle voulons-nous tenir dans le contexte de la mondialisation et du nécessaire partage des richesses avec les pays aujourd'hui moins favorisés ?

Nous savons, en tant que chefs d'entreprise, que le meilleur moyen d'attirer vers nos entreprises des investisseurs, des clients et des salariés, c'est d'avoir un projet, de le porter haut et de le faire connaître. Il nous semble qu'il en va de même pour l'entreprise France, le parallèle s'arrêtant là. Elle doit d'abord se doter d'un projet en répondant clairement et de manière collective aux questions qui viennent d'être posées. Et c'est à partir de ce projet qu'elle pourra définir concrètement quels sont ses atouts et ses faiblesses en matière d'attractivité économique et sociale.

C'est aussi à cette condition qu'elle parviendra à faire évoluer son image de pays bureaucratique et « fonctionnarisé », où il fait bon vivre mais où il est difficile de travailler efficacement. Car, à ce jour, le plus grand handicap de la France, aux yeux du monde, est certainement cette image d'un pays un peu en panne d'inspiration, de créativité et d'énergie, se repliant sur sa grandeur passée, refusant de moderniser son État. Or, il y a chez les Français beaucoup de capacités, de savoirs, d'intelligence et de courage qui ne trouvent pas toujours les moyens de s'exprimer. Il convient de les mobiliser en levant les obstacles et les tracasseries que les citoyens rencontrent un peu partout et en leur proposant de construire collectivement leur avenir.

Être attractif, c'est se montrer sous son meilleur jour. Mais c'est également sortir de chez soi pour aller voir ailleurs ce qui se passe, échanger avec les autres, comprendre comment ils fonctionnent, se confronter à eux, parler un langage commun.

Le plus beau séducteur ou la plus belle femme, s'ils restent enfermés dans leur chambre, ne pourront jamais plaire à personne. Il est donc tout aussi important que nous continuions, nous aussi, à aller investir financièrement, structurellement et humainement dans les autres pays. Ne regrettons pas ce qu'on appelle la « fuite des cerveaux » français. Ces jeunes gens qui vont tenter leur chance ailleurs restent la plupart du temps des porte-parole efficaces de notre pays et savent le défendre, vanter ses qualités. Mais inquiétons-nous de voir, selon les derniers chiffres parus, nos investissements et nos créations d'entreprise baisser hors de nos frontières. Au sein d'une société globale désormais totalement ouverte, rien ne serait plus catastrophique que de nous renfermer dans nos murs et de continuer à croire que nous sommes en tout les meilleurs de la planète.

Pas d'attractivité sans solidarité européenne

Au regard de ce qui vient d'être dit, l'attractivité doit donc, pour nous, répondre à un grand principe, la solidarité, et se décliner selon trois grandes dimensions :

- La France ne peut être attractive toute seule, elle doit se penser, sur ce thème comme sur tous les autres, dans le contexte d'une Europe forte dont elle est un des moteurs.

- L'attractivité française doit s'inscrire dans un projet national qui permette de mieux équilibrer les richesses et d'aboutir à la constitution de territoires forts. Elle nécessite en premier une réforme du fonctionnement de l'État et de l'administration.

- Les nations riches ne peuvent pas continuer à prospérer sur le dos des pays pauvres : la recherche d'équité doit guider nos relations avec les pays en développement dans une perspective de développement durable.

La tendance est, habituellement, de faire rimer attractivité avec compétitivité plutôt qu'avec solidarité. Rime riche, en effet, mais à notre sens dangereuse. La compétition a des effets stimulants qu'il faut conserver. Mais attention à l'overdose. On en voit partout les effets pervers, dans le sport comme l'économie de marché : elle suscite le dopage, la triche, le mensonge et aboutit à des catastrophes humaines ou boursières.

L'économie de demain ne peut plus se construire sur des rivalités directes où les uns et les autres s'épuisent en de vains combats, puisque apparaît toujours un troisième larron plus compétitif que les deux premiers. Elle se fonde plutôt sur la recherche de coopération et de partenariat où toutes les parties ont un rôle à jouer dans la réussite globale. Dans cet esprit de solidarité, l'attractivité devient la mise en valeur des richesses de chaque territoire en relation avec les richesses des autres. Un seul exemple suffira à rappeler l'efficacité de ce principe : le succès d'AIRBUS INDUSTRIES. Qu'en serait-il aujourd'hui si la France avait voulu continuer de fabriquer seule ses Caravelles, beaux avions sans marché ? C'est l'association de tous les savoir-faire européens (industriels, techniques, commerciaux) qui fait que ce constructeur fait aujourd'hui jeu égal avec BOEING.

Cessons de penser la France sans l'Europe, voire contre l'Europe. Cela peut paraître une évidence. Pourtant, dans les discours comme dans les pratiques, nous gardons souvent un esprit très « national ». Ne sommes-nous pas régulièrement parmi les plus en retard dans l'application des directives communautaires ?

L'Europe est une chance pour notre pays. C'est, par exemple, la confrontation avec les autres cultures administratives – dont beaucoup se sont déjà réformées – qui nous conduira à faire évoluer les mentalités et à amender notre propre fonctionnement administratif de manière à le rendre plus adapté aux exigences du monde moderne.

Il n'y a pas aujourd'hui de « modèle » économique et social européen. Le capitalisme rhénan, la social-démocratie ne sont plus des systèmes assez réactifs face à la mondialisation et aux évolutions sociétales. Mais nous avons, au sein de la « vieille Europe » (prenons, ici, cette critique de Donald Rumsfeld comme un compliment adressé à une civilisation qui a une longue et riche histoire), des valeurs communes de solidarité organisée et de protection des personnes, de régulation des relations économiques et sociales par l'État, d'éducation et de formation accessibles à tous.

Ce sont ces valeurs qui doivent nous guider dans la mise en place de ce modèle refusant la déréglementation totale revendiquée par les ultralibéraux. Nous y parviendrons par la convergence de nos législations : toute loi, désormais, devrait être proposée et rédigée dans cette pers-

pective d'harmonisation, de manière à parvenir à des règles du jeu homogènes. C'est le seul moyen de se garantir contre un retour à une concurrence sauvage et improductive entre nos nations.

Tendre vers un ensemble homogène de pays forts, répondant aux mêmes règles, et offrir un marché unique de bientôt près de 500 millions de personnes, c'est, à coup sûr, se constituer en zone économique extrêmement attractive. Mais, à l'opposé, il est également important de considérer que, dans un monde qui a tendance à s'homogénéiser, la diversité de nos cultures et de nos langues est également une force. Ce sont les difficultés inhérentes à cette situation inédite qui nous donnent un avantage concurrentiel. En effet, la coopération nécessaire entre des cultures différentes nous contraint à inventer et à innover pour élaborer une logique d'action acceptable par tous et intéressant le plus grand nombre, ce qui renforce l'attractivité globale de l'Union. C'est dans le cadre de cette innovation constante que la France doit savoir se rendre indispensable.

À la recherche d'un meilleur équilibre territorial

Moteur de l'Europe depuis sa fondation, la France se doit d'assumer ses responsabilités vis-à-vis de celle-ci et de donner des impulsions fortes. Ainsi est-il temps pour elle d'adapter son modèle économique et social et son système administratif pour qu'ils puissent à la fois inspirer et s'accorder à ceux des autres pays, ce qui suppose d'accepter des compromis. Répétons-le, nous ne pouvons pas continuer de faire cavalier seul et d'avoir raison contre les autres. Il convient à cet égard d'arrêter de s'abriter derrière les prétendues contraintes de l'Union européenne pour se justifier des évolutions nécessaires : si notre système bureaucratique doit se réformer, ce n'est pas pour faire plaisir à Bruxelles mais parce qu'il fonctionne mal et qu'il ne répond plus aux attentes des citoyens et des acteurs économiques français. Nous ne changeons pas sous la menace extérieure mais parce que nous avons tout à y gagner à l'intérieur. La modernisation de l'État est devenue la condition essentielle à la réussite de toutes les autres réformes.

Une fois replacée dans son contexte européen, l'attractivité française ne prend tout son sens, nous l'avons dit plus haut, qu'inscrite dans un projet. Pour le CJD, ce projet tient en une phrase :

Mieux répartir les richesses pour aboutir à des territoires forts et équilibrés qui pourront mieux s'intégrer dans une Europe des régions.

L'attractivité globale doit être au service de l'attractivité locale et réciproquement. Nous sommes d'autant plus sensibles, en effet, à l'idée d'un co-développement économique et social de tous les territoires que les PME en sont parties prenantes (voir chapitres 2 et 4). Et l'on peut s'inquiéter de voir que le tissu des PME en France, qui est un facteur important d'attraction économique, est en train de perdre de sa densité et de son dynamisme. En ce sens, l'attractivité de la France sera liée à la qualité de la politique de décentralisation décidée par l'actuel gouvernement et à l'efficacité de sa mise en œuvre. C'est encore notre fonctionnement institutionnel qui est en jeu : il doit être partout plus lisible pour les acteurs économiques, plus équitable entre les régions, plus proche des réalités du terrain pour ne pas rebuter les talents, les énergies et les investisseurs.

Une responsabilité par rapport au Sud

À l'autre bout de la proximité territoriale, mais dans le même esprit de répartition des richesses, notre universalisme et notre histoire nous donnent la responsabilité de ne pas laisser sur le bord de la route les autres pays, en particulier ceux du Sud avec qui nous entretenons des relations privilégiées. Nous devons, là aussi, être un aiguillon de l'Europe pour faire en sorte qu'ils ne soient pas oubliés : l'attractivité de l'Union européenne ne peut pas se construire à leur détriment. Or, c'est bien ce qui est en train de se passer. Après avoir établi notre richesse en puisant sans vergogne dans leurs ressources naturelles, nous ne rechignons pas aujourd'hui à utiliser leurs élites intellectuelles, profitant à notre tour d'une « fuite des cerveaux », bien plus grave que celle dont nous nous plaignons pour nous-mêmes. A-t-on conscience, par exemple, que la plupart de nos hôpitaux, en France, tournent au quotidien avec des internes venus des pays en développement et par ailleurs sous-payés par rapport à nos nationaux ? Ces médecins de qualité ne manquent-ils pas à leurs pays ? Certes, nous ne les contraignons pas à rester. Mais si beaucoup s'installent chez nous, c'est précisément en raison du manque d'attractivité de leurs pays respectifs. Ne faudrait-il pas renforcer celle-ci pour briser le cercle vicieux où le Sud s'enferme ?

Reconnaissons-le, comme le rappelait le nouveau président du Brésil, « Lula », au forum de Davos de 2003 : en subventionnant à outrance nos emplois ou nos agriculteurs, nous instituons une concurrence déloyale par rapport aux pays en développement. L'attractivité qui en découle ressemble fort à du protectionnisme. Nous sommes partisans du libéralisme quand il s'applique aux autres.

L'exigence d'équité envers les pays du Sud ne relève pas seulement d'une dette historique ou d'une éthique humaniste. Elle découle aussi de nos intérêts réciproques bien compris. Ainsi, faut-il se choquer de la délocalisation de nos usines textiles dans les pays du Maghreb ? C'est difficile pour les ouvriers et ouvrières français qui se retrouvent au chômage. Mais au moins bénéficient-ils de notre protection sociale et c'est précisément pour cela qu'il faut la défendre, comme il faut conforter la formation tout au long de la vie qui est un moyen de maintenir leur employabilité.

En délocalisant, les entreprises ont d'abord pour but de chercher de la main-d'œuvre moins chère. Pourtant, en même temps, elles créent de l'emploi, développent généralement l'économie des pays où elles s'installent et sont sources de richesses. Elles contribuent à un meilleur équilibre sociétal en retenant les populations et en ralentissant de ce fait l'immigration massive en Europe. Le cercle est plus vertueux qu'il n'y paraît en première analyse et chacun en ressort en partie gagnant.

Nous avons donc bien intérêt à reconnaître et à accepter cette dimension attractive des pays du Sud (le coût de la main-d'œuvre). Mais ne devons-nous pas également la favoriser par une meilleure coopération avec eux ? On peut toujours chercher à attirer chez nous l'argent et l'intelligence pour produire plus et augmenter la croissance. À quoi cela servira-t-il si nous n'avons personne à qui vendre ces produits dont nous sommes nous-mêmes saturés ? Ce fut la grandeur du plan Marshall que de décider l'Amérique à transformer une Europe exsangue, à l'issue de la guerre, en marché pour ses propres produits, certes, mais aussi en concurrent dans leur fabrication. Le développement des économies occidentales ne peut se passer aujourd'hui de celui des économies des pays pauvres.

Un tel plan Marshall pour le tiers-monde devrait d'ailleurs se concevoir dans une optique de développement durable, c'est-à-dire maîtrisé et évitant les gaspillages et les pollutions dont nous nous sommes nous-mêmes rendus coupables.

Quatre propositions
pour une attractivité solidaire

Diminuer les subventions clientélistes aux entreprises

Les dépenses publiques, en France, représentent, en 2002, 48,5 % du PIB contre 45 % en moyenne pour l'UE. Elles n'ont baissé que de 1,3 % sur 20 ans contre 4,7 % pour l'UE. La réduction des prélèvements dépend d'abord de la réduction du train de vie, et donc de la réforme de l'État.

Mais si l'État prélève trop, c'est aussi qu'il distribue trop, en particulier aux entreprises. Il perpétue une forme d'économie assistée qui ne convient qu'aux affairistes en quête d'effets d'aubaine. Les véritables entrepreneurs n'attendent pas après les subventions, dès lors qu'ils croient à la force de leur projet. Ils préfèrent la réalité du marché. Sans supprimer totalement les subventions aux entreprises, qui peuvent s'avérer efficaces dans certains cas, une distribution plus judicieuse permettrait d'abaisser les prélèvements sociaux sans perte significative de recettes pour l'État.

Réduire les taxes sur l'argent réinvesti dans l'économie. Supprimer la taxe professionnelle

Cette mesure, simple à mettre en œuvre, serait immédiatement efficace. Elle porterait, au niveau de l'entreprise, sur la réduction des taxes sur les plus-values et sur les bénéfices dégagés par la transmission ou la vente, dès lors qu'ils sont réinvestis dans des entreprises. Elle porterait, dans les mêmes conditions, sur la réduction de l'ISF.

D'autre part, la taxe professionnelle, qui n'est plus assise sur la masse salariale, continue de pénaliser l'investissement, et donc les capacités productives des entreprises. Elle n'a pas d'équivalent dans l'UE. Elle doit être supprimée et remplacée par le reversement aux collectivités territoriales d'une part d'un impôt national.

Ceci étant posé, l'abaissement de la fiscalité et des charges n'est pas un but en soi. Il n'a de sens que par rapport à deux objectifs :

* la diminution des écarts avec les autres pays européens, nécessaire pour faciliter l'harmonisation et nous permettre d'échapper au piège du dumping fiscal (à cet égard, il est urgent de s'attaquer aux paradis fiscaux européens et mondiaux) ;

* la mise en place, dans un deuxième temps, d'une politique fiscale européenne bénéficiant aux nouveaux entrants (les PECO) pour les aider à rattraper rapidement leur retard.

Lien

Cette proposition est en lien avec l'annonce du gouvernement, en janvier 2004, de la suspension pendant 18 mois de la taxe professionnelle sur les nouveaux investissements.

Promouvoir des identités et des stratégies territoriales

Les territoires français ont chacun des qualités attractives spécifiques qu'ils ont besoin de mettre en avant dans le cadre d'une décentralisation menée à son terme et de la construction de l'Europe des régions.

Chaque territoire, comme l'ensemble du territoire français, doit se doter d'un projet stratégique susceptible de valoriser ses atouts et mettre en place une communication internationale pour le faire savoir : on s'installe dans une région autant que dans un pays, en fonction de ce qu'elle propose, de son image, de ses ressources. Ce projet stratégique pourra être transversal à un ensemble de régions, y compris au-delà de nos frontières.

Respecter les critères du développement durable

L'Europe et la France ne peuvent rester durablement attractives que dans la perspective du développement durable. Signataires des principes de la conférence de Rio, les pays européens ont une responsabilité sociale, environnementale et humaine. S'ils ont un avantage concurrentiel, c'est bien celui de s'être construits dans la durée et d'avoir choisi, avec une certaine sagesse et après bien des conflits, de s'allier pour la durée et dans la paix et de rechercher le bien-être de leurs citoyens.

Dans cet esprit, l'implantation de nouvelles entreprises serait accordée à celles qui acceptent de satisfaire aux critères d'organismes de notation agréés en matière de responsabilité sociale et environnementale. Dans une stratégie cohérente de qualité de vie et de développement durable, la France doit se doter rapidement d'un référentiel commun à l'ensemble des territoires.

chapitre 2

Les entreprises ne peuvent pas croître dans le désert

Introduction
Un rapprochement nécessaire
entre entreprises et territoires

Sans sous-estimer l'importance des grands groupes à l'échelle nationale, les PME constituent un facteur essentiel du développement local. Elles sont souvent fortement ancrées dans leur environnement, y exercent l'ensemble de leur activité et en partagent la culture et les réseaux relationnels.

Dans le même temps, brusqués par la progression du chômage, les territoires se sont de plus en plus impliqués dans la vie économique par des aides et des mesures diverses, implication facilitée par les lois de décentralisation.

Et pourtant, nous constatons un décalage fort entre le fonctionnement des entreprises, d'une part, dont la stratégie en matière d'organisation a été de réduire leurs niveaux hiérarchiques pour être plus réactives, efficaces et proches du terrain ; et, d'autre part, le fonctionnement des institutions qui, au contraire, ont augmenté le nombre des niveaux aboutissant à une lenteur des décisions, un manque d'efficacité et un éloignement des contextes locaux.

L'impression d'être arrivé aujourd'hui à un point limite prévaut. D'un côté, face à un foisonnement d'initiatives un peu brouillonnes, il est nécessaire de clarifier les attributions de chacun – territoires et entreprises – et de « professionnaliser » un tant soit peu les bonnes volontés. De l'autre, la pression économique qui pèse sur les entreprises, comme les attentes individuelles de nos concitoyens, demandent que s'accélèrent l'autonomisation et la responsabilisation des territoires face à la prépondérance de l'État, que leurs représentants – élus et fonctionnaires – soient plus réactifs, plus accessibles, plus efficaces. Longtemps, on n'a voulu entendre dans « service public » que l'adjectif. Aujourd'hui, c'est le mot « service » qui sonne le plus fort.

Pour différentes raisons politiques et culturelles, évoquées plus loin, ces évolutions nécessaires dans le fonctionnement institutionnel de notre pays semblent bloquées. Il n'est qu'à voir le peu de place donné aux questions d'aménagement du territoire dans les discours préélectoraux. Il y a pourtant urgence si nous ne voulons pas, d'une part, en revenir à la situation stigmatisée naguère par un livre célèbre, *Paris et le désert français*, et, d'autre part, que nos régions perdent pied face aux autres puissantes régions de nos voisins européens. Bref, c'est aujourd'hui l'extrême urgence ou ce serait demain l'extrême-onction pour certains territoires.

Beaucoup de dirigeants d'entreprises ont depuis longtemps conscience que territoires et entreprises partagent un même destin au travers des femmes et des hommes qui y habitent et qui y travaillent. Nous pensons que c'est tous ensemble, par l'échange de nos méthodes, la compréhension mutuelle et la coopération, que nous pourrons nous construire un avenir commun.

Car, au-delà de la décentralisation, c'est l'aménagement du territoire qui est en jeu.

Sans une recherche active d'équilibre entre les territoires, nous risquons de voir des régions entières se désertifier, aussi bien en termes d'habitants, d'entreprises que d'agriculteurs. Qui continuera alors à entretenir les paysages ?

Sans une recherche d'équilibre, nous continuerons, de plus en plus nombreux, à aller vivre dans les villes, dont certaines deviennent des métropoles invivables, en raison de la pollution ou des violences urbaines enclenchées par la densification de la population, les problèmes de chômage et d'exclusion. Et ces problèmes sont communs à tous les territoires du monde.

C'est pourquoi une approche globale de la performance exige d'avoir une vision à long terme, pour aller vers un développement économique et environnemental équilibré qui participe à l'épanouissement des individus et une stratégie à moyen terme, construite dans une dynamique participative.[1]

---

1. Cette réflexion a été menée par le CJD et le comité Grand Lille au travers de l'association Nouveaux territoires pour l'entreprise qu'ils ont fondée conjointement à l'automne 2001 ; elle a été publiée en avril 2002, sous le titre « Entreprises et territoires, un destin commun ».

L'étude NTE

L'étude de référence sur « la perception de la décentralisation par les chefs d'entreprise », dont on trouvera les résultats tout au long de ce chapitre, a été commandée par l'association Nouveaux territoires pour l'entreprise et réalisée par le cabinet GMV Conseil.

Elle a été effectuée en novembre 2001, par enquête téléphonique auprès d'un échantillon de 611 dirigeants et cadres dirigeants, constitué sur la base d'un fichier de 2 556 responsables d'entreprise, leaders d'opinion sur les neuf territoires qui avaient été préalablement choisis en fonction de leur diversité géographique et de leur taille.

Les régions concernées : Nord-Pas-de-Calais, Haute et Basse Normandie, Bretagne, Champagne-Ardenne, Limousin, Auvergne, Aquitaine, Rhône-Alpes, Midi-Pyrénées.

Les caractéristiques de l'échantillon :

- 77 % de chefs d'entreprise, 23 % de cadres dirigeants
- 89 % d'hommes, 11 % de femmes
- 17 % ont entre 25 et 34 ans, 53 % entre 35 et 49 ans, 30 % ont 50 ans et plus.

Une décentralisation au milieu du gué

Vingt ans après les premières lois de décentralisation, comment les chefs d'entreprise ressentent-ils globalement ses effets ? Pour 47 % d'entre eux, selon notre sondage de référence, elle est plutôt une réussite et pour les 53 % restants plutôt un échec. Si l'on entre un peu plus dans les détails, il apparaît que ce franc clivage doit être relativisé : certains, en fait, préfèrent voir le verre à moitié plein tandis que d'autres regrettent qu'il soit à moitié vide…

Ainsi, les chefs d'entreprise interrogés sont près de deux tiers (65 %) à estimer que le territoire sur lequel ils se trouvent a gagné en autonomie. À l'inverse, ils sont presque aussi nombreux (61 %) à penser que la décentralisation n'a pas permis de réduire les inégalités territoriales et plus encore (68 %) à juger qu'ils n'ont pas de visibilité des compétences dévolues à chacun des différents échelons. Pour eux (71 %), l'État n'a pas suffisamment su se désengager et déléguer aux régions. Ils constatent à une écrasante majorité (86 %) que la décentralisation a généré des doublons administratifs.

Les chefs d'entreprise portent donc un jugement mitigé sur la décentralisation : si elle va dans le bon sens, de gros efforts restent à faire pour la rendre vraiment efficace et opérationnelle. Ils reconnaissent des avancées et des progrès en matière d'aménagement du territoire mais restent très critiques sur le rôle de l'État et sur l'efficacité macro-économique du dispositif de décentralisation mis en place, ainsi que sur les rigidités organisationnelles qui continuent de bloquer l'évolution des hommes en termes d'éducation, de formation, de culture...

La loi Deferre a créé les régions administratives sans supprimer aucun des précédents niveaux. Les lois Chevènement et Voynet, plus récentes, visent à développer l'intercommunalité et ont fait apparaître la notion de « pays ». État, régions, départements, pays, communautés urbaines, districts, communes et, désormais, au-dessus de tout cela, l'Europe : les compétences administratives sont aujourd'hui potentiellement réparties entre pas moins de huit entités territoriales et six échelons, ce qui donne le double sentiment d'une forte redondance et d'une grande dispersion du service public.

Ainsi les « nouveaux territoires » sont mal connus par les dirigeants d'entreprise : lorsqu'on leur pose la question du territoire auquel ils appartiennent, 42 % se disent spontanément rattachés à un bassin d'emploi, 32 % à une agglomération et 26 % à un pays, sans d'ailleurs être en mesure de définir en quoi ceux-ci se distinguent, dans leurs attributions, des circonscriptions administratives traditionnelles. À ce sujet, 81 % disent qu'ils n'ont pas été assez informés sur les lois Chevènement et Voynet.

Qui fait quoi et où se prennent vraiment les décisions ? Ce sont des questions auxquelles le chef d'entreprise a d'autant plus de mal à répondre que ses interlocuteurs de l'administration eux-mêmes ne sont pas toujours au clair sur leurs fonctions respectives.

Sensibles au bon fonctionnement du système avec lequel ils ont à traiter, les dirigeants d'entreprises comprennent difficilement la sophistication d'un découpage où la répartition des rôles leur semble plus être le résultat d'une querelle de prérogatives, sur fond de rivalités politiques, que d'une recherche d'efficacité organisationnelle.

Ce sont bien deux logiques qui s'affrontent. Au moment même où les entreprises ont pris conscience de la nécessité de réduire le nombre de leur niveaux hiérarchiques pour être plus réactives et proches du client, l'État en a rajouté deux, voire trois, pour les mêmes raisons...

Comment rendre cohérents les niveaux de décision et améliorer l'accessibilité aux services publics ? Faute d'une simplification administrative toujours promise et toujours repoussée, les dirigeants d'entreprise ont naturellement tendance à délaisser un ou plusieurs niveaux de territoire pour ne conserver, en terme d'intérêt, que les plus efficaces économiquement mais aussi les plus pertinents politiquement : la commune ou l'intercommunalité, qui constituent leur environnement immédiat, et la région, qui émerge comme l'opérateur le plus important. Dotée d'un projet politique plus clair que les niveaux locaux, cette dernière apparaît souvent comme le niveau où les forces d'un territoire peuvent encore être mises en mouvement en faveur de l'entreprise.

Mais il reste une interrogation sur la réalité de cette force : dans un contexte européen où les régions structurées s'affirment, leur nombre, leur émiettement et leur taille « à la française » semblent un handicap majeur dans l'Europe future.

Une inadaptation aux mutations économiques et sociales

L'économie connaît de rapides mutations liées, par exemple, à l'intégration stratégique des nouvelles technologies qui changent les métiers des entreprises et les modes de travail des salariés : télétravail, salariés nomades, multiactivité, nouveaux métiers, nouvelles qualifications, évolution rapide des modèles économiques. Les entreprises doivent donc s'adapter en permanence, être plus réactives, plus flexibles, plus innovantes. Elles vivent au rythme du « temps réel » de leurs systèmes informatiques, du retournement des marchés et de la versatilité de leur clientèle. Elles ont besoin que se développent en permanence les infrastructures de transports et de télécommunications ou, encore, que le système éducatif et la formation professionnelle les aident à adapter et à améliorer les compétences de leurs collaborateurs actuels ou futurs, condition essentielle à la dynamique de l'emploi.

En face d'elles, les territoires leur semblent vivre sur le « temps long » des précautions administratives qui aiment laisser du temps au temps et pour qui un dossier n'est jamais assez complet. Si les chefs d'entreprise doivent parfois agir avant de réfléchir, il arrive aux responsables locaux de réfléchir si longtemps et si profondément que l'action prévue n'a plus lieu d'être.

La lenteur des procédures administratives, que l'on justifie souvent par la nécessité de garantir l'intérêt général, n'est pas une nouveauté. Elle resterait matière à rire ou à s'irriter si les territoires n'étaient pas de plus en plus impliqués dans des projets économiques. Le décalage entre les contraintes temporelles des uns et des autres met en péril la réussite de ces projets et peut avoir des conséquences graves pour les entreprises, qui n'ont pas toujours la trésorerie suffisante pour attendre le déblocage d'une aide, le règlement d'une facture ou l'autorisation d'une implantation nouvelle.

Il existe un autre décalage, c'est celui qui sépare les lois et règlements initiés par le monde politique français et européen des évolutions sociologiques et économiques de la société. D'une part, ces lois ne sont pas toujours en phase avec les attentes et les besoins réels. Trop générales, trop contraignantes, trop normatives, elles ne tiennent pas compte de la diversité des situations qu'elles prétendent réguler.

Mais, plus encore, c'est par leur mode d'application qu'elles pèchent. Mettre au point un règlement est une chose, faire en sorte que ses interactions avec l'organisation et l'existence des services publics correspondants soient maîtrisées en est une autre. Comme le personnel politique, majoritairement composé de membres de la fonction publique, le personnel administratif ignore, la plupart du temps, la réalité du monde de l'entreprise, les métiers et activités sur lesquels s'appliquent les lois et ses contraintes.

Par exemple, sans polémiquer sur le bien-fondé de la loi sur la réduction du temps de travail, imposée sans véritable concertation, il est clair que les conséquences de sa généralisation ne semblent guère avoir été anticipées au niveau des territoires.

En premier lieu, les services publics, mal préparés et les derniers à s'appliquer la loi, se trouvent aujourd'hui largement désorganisés. Certains n'arrivent plus à faire face à leurs obligations.

Au-delà de ces difficultés conjoncturelles, personne, en haut lieu, ne semble s'être avisé des changements structurels qu'a accélérés la mise en place des 35 heures : désynchronisation des activités, modification de la perception des temps sociaux, horaires de transport collectifs peu adaptés, naissance d'attentes nouvelles en termes de qualité de vie, besoins en formation, en infrastructures culturelles ou de loisirs...

En raisonnant sur des schémas anciens, en se focalisant sur la réduction du temps de travail comme moyen de réduire le chômage, l'État n'a pas vu qu'il donnait le véritable coup d'envoi à la civilisation du temps libre, en même temps qu'il pouvait fragiliser la compétitivité du territoire français.

Comment notre système de protection sociale, par exemple, et les services publics qui le gèrent vont-ils s'adapter concrètement à ce type de mutations économiques et sociales ? Quelles réponses vont-ils apporter à la nouvelle organisation des temps sociaux ? Comment mieux anticiper les besoins en formation et l'évolution des bassins d'emploi ? Ne faudrait-il pas engager une plus grande concertation, sur le terrain, entre les responsables politiques, les acteurs économiques, les partenaires sociaux et les citoyens ?

Seuls 17 % des dirigeants d'entreprises ont aujourd'hui le sentiment d'être consultés par leurs élus sur les sujets et les décisions qui les concernent. Et on a parfois l'impression que les uns et les autres ne vivent pas sur la même planète.

Des inégalités persistantes entre les territoires

Contrairement à l'idéal républicain, sans cesse réaffirmé, la loi n'est pas la même pour tous. Des différences de traitement entre les grandes entreprises, qui pèsent en emplois et en voix sur le territoire, et les petites et moyennes entreprises peuvent pénaliser ces dernières. Cela se manifeste le plus souvent par une plus grande célérité des services publics envers les grandes entreprises dans le règlement de leurs dossiers. Cela peut aller jusqu'à un certain favoritisme dans l'attribution de terrains, l'accès aux différentes aides ou l'octroi de réductions fiscales.

Il peut aussi exister des variantes dans l'interprétation des lois d'un département à l'autre. Certains textes appliqués avec rigueur ici et pour tel type d'entreprise ne le sont pas ailleurs et pour tel autre type d'entreprise. Cela conduit à rechercher les effets d'aubaine : il vaut mieux être implanté sur le territoire le plus favorable à l'entreprise. Et cela instaure une discrimination de fait entre les entreprises qui ont besoin, ou qui même simplement souhaitent être ancrées dans leur territoire, au premier chef les PME, et celles pour qui le territoire d'implantation est interchangeable ou présente une aubaine récurrente (et parmi elles, certaines grandes entreprises multinationales). Il n'y a pas de communauté de destin entre les unes et les autres.

Aujourd'hui, quoi qu'en disent les élus, une compétition s'est instaurée entre territoires. La question de l'équilibre de traitement et d'application (à coût égal) s'avère de plus en plus stratégique pour leur aménagement.

Il ne s'agit évidemment pas d'en revenir à une réuniformisation des pratiques qui serait contraire à l'esprit de la décentralisation. Chaque territoire doit faire valoir des avantages concurrentiels qui lui sont propres. Le problème se pose pour les grandes lois et les grandes décisions nationales qui ne devraient pas faire l'objet d'arrangements pénalisant toujours les territoires les plus faibles ou les moins défendus.

Il existe aussi des inégalités d'un autre ordre. Le PIB par habitant de d'Île-de-France (également le plus élevé d'Europe) est supérieur de 75 % au PIB moyen des régions. Il est moitié plus élevé que celui de Rhône-Alpes, la deuxième région la plus riche de France. Et, en chiffres absolus, son PIB global est 35 fois supérieur à celui du Limousin. Le jacobinisme n'est pas mort. Huit fonctionnaires sur dix dépendent encore aujourd'hui des autorités centrales, c'est-à-dire de Paris qui concentre aussi la grande majorité des sièges sociaux des entreprises. On ne revient pas en 20 ans sur près de dix siècles de centralisme.

Si le « désert français » a heureusement reculé, la décentralisation n'est qu'à moitié réalisée et la fracture territoriale demeure. Les dirigeants d'entreprise sont particulièrement sensibles à la persistance de ces inégalités. Pour des raisons éthiques d'abord : il n'est pas question, là encore, de prôner une homogénéisation des régions au nom d'un égalitarisme utopique et contre-productif. Mais il n'est pas acceptable, moralement et humainement, que, dans un pays développé comme le nôtre, il existe d'aussi grandes disparités de revenus, d'accès aux services publics et aux équipements collectifs, de niveaux de formation, de qualité de logements…

Pour des raisons économiques, ensuite, nul n'a intérêt, et en particulier les chefs d'entreprise, à laisser péricliter des régions qui risquent d'entraîner l'ensemble du pays vers le bas. Pour des raisons politiques, enfin, pour que nous ne jouions pas perdant dans une Europe où les régions auront un rôle stratégique à tenir dans la régulation entre l'UE et le niveau local.

Une nécessité de s'intégrer à l'Europe des régions

Sur les 22 régions les plus riches d'Europe, une seule est française. Il n'est nul besoin de préciser laquelle. Le PIB par habitant des régions frontalières de notre pays est en moyenne de 10 à 20 % inférieur à celui des régions homologues de nos voisins.

Trop faibles, nos régions risquent de ne pas faire le poids par rapports aux poids lourds allemands, italiens ou espagnols.

Mais ce n'est pas seulement un problème économique. La décentralisation s'accélère au sein de l'Union. Les régions deviennent de plus en plus autonomes et voient leurs pouvoirs renforcés. Comme le souligne régulièrement la DATAR[1], dans une Europe polycentrique, la France doit devenir polycentrique non seulement par ses performances économiques, mais aussi en matière décisionnelle.

Rappelons à ce sujet comment se situe aujourd'hui la prise en compte du niveau régional dans les différents systèmes nationaux de l'Union européenne (voir tableau page suivante).

Il faut noter à cet égard que les dix États qui rejoignent aujourd'hui l'UE (les PECO) sont tous des États unitaires non décentralisés. Mais des mesures de développement régional ont commencé à être mises en œuvre, même si elles se limitent généralement à des projets isolés, ciblés sur des régions ou des municipalités particulières, et s'il n'existe pas encore dans la plupart des pays de stratégie globale de développement régional. Actuellement, seules la Hongrie, la Roumanie et la Lettonie ont une base légale spécifique pour la politique régionale. En Slovénie et en Bulgarie, un projet de loi est en cours de discussion au Parlement, mais,

---

1. Délégation à l'aménagement du territoire et à l'action régionale

États unitaires	États unitaires décentralisés	États unitaires régionalisés	États fédéraux
Échelons infranationaux uniquement au niveau local. Des niveaux régionaux peuvent exister pour des raisons administratives mais sont subordonnés à l'État central	États ayant engagé un processus de réforme pour établir des autorités régionales élues au-dessus du niveau local	États caractérisés par l'existence de gouvernements régionaux élus avec un statut constitutionnel, des pouvoirs législatifs et un fort degré d'autonomie	Partage des pouvoirs garantis par la constitution
Grèce Irlande Luxembourg Portugal	Danemark Finlande France Pays-Bas Suède	Espagne Italie Royaume-Uni	Allemagne Autriche Belgique

ailleurs, la législation en est encore au stade de la conception (Pologne, Tchéquie).

Cela pourrait à terme poser des problèmes d'équilibre et générer des incompréhensions.

Renforcer les solidarités entre tous les acteurs des territoires

Par un effet apparemment paradoxal, la mondialisation et la compétition à l'échelle planétaire ne conduisent pas les entreprises, dans leur ensemble, à se désintéresser de leur implantation territoriale. On a souvent brandi la délocalisation comme une menace. Si celle-ci est une réalité, elle concerne essentiellement les grandes entreprises, les secteurs à forte main-d'œuvre peu qualifiée ou quelques niches de télétravail comme la saisie informatique de données et leur traitement.

À l'image de la théorie du chaos – qui veut qu'un battement d'ailes de papillon ici provoque de grandes tempêtes là-bas – le fait d'avoir à affronter des turbulences économiques lointaines rend les entreprises particulièrement sensibles aux conditions initiales dans lesquelles se développent leurs projets. Il leur faut être bien enracinées dans le local pour partir à la conquête du global. Les chefs d'entreprise sont sortis depuis longtemps des forteresses autosuffisantes qu'étaient parfois les grandes firmes industrielles et savent qu'ils ne peuvent pas prospérer dans le désert. Ils sont plus des trois-quarts, dans notre sondage, à se dire impliqués (45 %) et très impliqués (31 %) dans la vie économique locale.

Une entreprise s'installe et pérennise son implantation sur un territoire dès lors qu'il se montre attractif, non pas tant par des ristournes fiscales que par son offre globale. Infrastructures de communication, équipements sportifs et culturels, loisirs, crèches, universités… Par exemple, tout ce qui concourt à la qualité de vie des salariés et de leur famille a de plus en plus d'importance pour fixer les collaborateurs. En retour, l'entreprise n'apporte pas seulement sa taxe professionnelle et ses impôts locaux, mais surtout la participation de ses membres à l'animation de la vie locale, sous de multiples formes. Elle peut être aussi un facteur de cohésion et de paix sociale qui rendra le territoire encore plus attractif.

Dans le même ordre d'idée, il paraît intéressant de prendre en compte le concept émergent de « marché local d'échanges ». Il s'agit de répondre aux besoins de flexibilité des entreprises pour s'adapter à leurs marchés, besoins qui s'accroissent dans un contexte de mondialisation et de concurrence, en leur permettant de trouver les ressources humaines et les compétences nécessaires dans leur environnement local. Ceci est rendu possible par la facilité d'accès à la formation, au développement de leurs compétences et aux offres d'emplois sur un même bassin d'emploi.

Pour qu'une telle gestion des emplois et des compétences soit efficace, il est indispensable de regrouper tous les acteurs concernés à l'échelle d'un territoire homogène et de dialoguer avec l'ensemble des employeurs, les collectivités, les organismes de formation, les agences locales pour l'emploi, les représentants des salariés…

On l'a dit, nul n'a intérêt à laisser proliférer des régions pauvres ni que se créent des poches de désertification. Aux yeux des dirigeants d'entreprise, la poursuite volontariste d'une politique d'aménagement du territoire reste une nécessité. Elle seule peut combattre la dérive naturelle des marchés qui mène à toujours enrichir les plus riches. Elle seule permettra de créer une France « polycentrique » et harmonieusement maillée.

Les chefs d'entreprise sont donc aussi convaincus du bien-fondé d'une péréquation financière équilibrée entre les territoires. Il ne s'agit pas, bien entendu, de déshabiller Charles pour habiller Robert mais de réduire les inégalités en répartissant mieux les ressources. On peut le vouloir pour des raisons d'équité mais tout autant en fonction d'un intérêt bien compris. Les riches Hauts-de-Seine, par exemple, n'auraient-elles pas tout à gagner à aider la Seine-Saint-Denis, qui la jouxte, à réhabiliter ses quartiers difficiles et à résorber son chômage ? Les frontières entre les deux départements ne sont pas imperméables et les problèmes de l'un risquent tôt ou tard de rejaillir sur l'autre.

Entreprises et territoires sont de plus en plus interdépendants. Aucun ne peut vraiment réussir et se développer sans l'autre. Tous doivent donc prendre conscience de leur co-responsabilité dans le succès – ou l'échec – d'une région et des entreprises qui y sont implantées.

Cela signifie, par exemple, que les chefs d'entreprise ne sauraient s'en tenir à une piètre stratégie de « cueillette fiscale » ou de quête de subventions. De même, le concept de responsabilité sociale des entreprises, aujourd'hui mis en avant par la Commission européenne, ne doit pas se limiter aux questions de pollution mais s'inscrire dans une réflexion sur le développement durable.

De l'autre côté, les entreprises ne peuvent être considérées comme les seules responsables de la richesse d'un territoire, d'autant que cette richesse ne doit pas être évaluée seulement en termes économiques. Les élus, comme les fonctionnaires, ont aussi pour mission de créer des richesses au travers des éléments sur lesquels ils ont prise : qualité des liens sociaux, densité des équipements et des réseaux, accessibilité des services publics, pertinence des formations, animation de la vie locale, anticipation de besoins, innovation sociale.

Solidarité et responsabilité bien comprises garantissent une égalité d'accès à la santé et à l'éducation et une équité d'accès à la formation et aux opportunités économiques.

Cette co-responsabilité doit se traduire concrètement par le développement de partenariats multiples dans les territoires.

Apprendre à gérer de nouveaux espaces-temps

Pour que se développent les initiatives locales et la coopération territoriale, l'État doit aller jusqu'au bout de la décentralisation. Après avoir quitté depuis 20 ans la rive jacobine, il semble qu'il ait du mal à se résoudre à accoster définitivement sur le bord girondin. Nous sommes toujours au milieu du gué, quelque peu enlisés.

Or, depuis la Révolution et même depuis 1982, nos perceptions et nos conceptions de l'espace et du temps ont considérablement changé. Une seule image : les départements ont été délimités selon cette règle bien connue que leurs villages les plus éloignés ne devaient pas se trouver à plus d'une journée à cheval du chef-lieu. À l'aune de cette échelle spatio-temporelle, les régions sont aujourd'hui plus « petites » que les départements d'autrefois : aucune des préfectures régionales n'est à plus de deux ou trois heures de voiture de sa périphérie.

L'enjeu de la décentralisation est bien de concevoir et de gérer de nouveaux espaces-temps qui correspondent à la « glocalisation » de notre monde. Du côté global, affaibli par la mondialisation et la financiarisation de l'économie, l'État-nation perd de sa pertinence. Si le politique veut retrouver quelque influence sur la marche du monde, ce ne sera qu'au niveau européen.

Mais, précisément, parce que les frontières s'élargissent, voire disparaissent, éloignant les pouvoirs centraux, les rendant de plus en plus virtuels, il est indispensable de retrouver des proximités territoriales à échelle humaine. C'est dans cet espace commun maîtrisable et gouvernable que vont pouvoir s'épanouir des coopérations concrètes entre tous les acteurs, fondées, d'une part, sur la tolérance, l'ouverture à autrui et la propension à l'échange et, d'autre part, sur la réactivité, l'adaptabilité et la polyvalence.

Tel est l'enjeu majeur d'un co-développement économique et social de tous les territoires. Tel est le moyen de renforcer leur attractivité. L'État, les collectivités territoriales et les entreprises doivent travailler ensemble à ce projet. Sans oublier les politiques qui doivent impérativement prendre conscience du trop grand nombre d'échelons territoriaux et se décider à les réformer, fût-ce au détriment de leur propre sphère d'influence et de leurs réflexes clientélistes.

Mais, avant tout, il est urgent de clarifier les niveaux de compétences entre les différents échelons territoriaux afin que chacun sache où sont les centres de pouvoir et de décision. Il sera également nécessaire, à terme, de réduire le nombre de ces échelons. L'État doit se concentrer sur ses missions régaliennes tout en redéfinissant lui-même celles qu'il conserve et celles qui seront intégrées à l'échelle européenne. Parallèlement, il doit accompagner la décentralisation par les moyens financiers et humains nécessaires. L'essentiel des leviers d'action et leur mode d'attribution reste encore trop concentré entre ses mains. Tant par la réforme fiscale que par celle des modes de recrutement et de nomination des fonctionnaires, il doit marquer sa volonté de laisser aux territoires une plus grande autonomie de gestion en se conformant au principe de subsidiarité.

Cinq propositions pour un co-développement des territoires

Élaborer une stratégie et des projets de territoires et penser une gouvernance inter-territoriale

La confusion des compétences, le flou des attributions respectives, les tiraillements politiques entravent l'efficacité des actions entreprises par les différents échelons territoriaux qui entrent souvent en contradiction. La mise en place d'une instance « inter-territoriale » permettrait de mieux coordonner les projets et d'élaborer une véritable stratégie. La reconnaissance d'un « chef de file », la région, permettrait de donner un cadre suffisamment large aux réflexions et actions.

On pourrait également imaginer des groupements d'intérêts territoriaux[1] (GIT, par analogie aux GIE) réunissant, au niveau d'un pays, d'un bassin d'emploi, d'une intercommunalité, des élus, des fonctionnaires, des chefs d'entreprises, des représentants de la société civile. Dans le cadre de ces structures partenariales légères, les entreprises apporteraient en particulier leurs méthodes et leurs savoir-faire.

---

1. Mais aussi mieux utiliser les structures existantes comme les conseils de développement ou les CESR (conseils économiques et sociaux régionaux) que les chefs d'entreprise ne devraient pas hésiter à présider.

6 S'engager dans des coopérations locales et des instances territoriales

Les dirigeants d'entreprise doivent intégrer la dimension territoriale dans leur vision stratégique et dans l'anticipation de leurs besoins. Les entreprises seront plus fortes si elles peuvent faire appel à un réseau de personnes et de capacités communes. C'est la densité des compétences réunies en un même lieu qui crée un milieu favorable à l'innovation et à la croissance. Axe primordial, le développement des compétences et de l'emploi : coopération avec les écoles et les universités, les systèmes de formation continue, les agences locales pour l'emploi... Par exemple, les chefs d'entreprise sont les mieux placés pour aider au développement économique des bassins d'emploi. Ils doivent s'investir – et investir – dans les pépinières d'entreprises, parrainer et accompagner les créateurs d'entreprise, susciter les innovations, détecter l'esprit entrepreneurial chez les jeunes. Ces réseaux de coopération, aujourd'hui facilités par les nouvelles technologies, sont aussi un des moyens que peuvent se donner les dirigeants d'entreprise pour constituer une force de proposition face aux élus.

En effet, si les dirigeants d'entreprise ne sont pas toujours entendus, c'est parfois parce qu'ils ne savent pas prendre la parole au bon moment et au bon endroit. Pour devenir vraiment acteurs de la décentralisation et du développement des territoires, ils doivent s'engager dans les instances de concertation et de décisions, et aux échelons qui leur semblent les plus pertinents : conseil de développement des pays, CESR et, à l'autre bout, l'Europe.

Dans ce contexte, une refonte des organismes consulaires s'avère indispensable.

7 Privilégier les projets intercommunaux

Que cela prenne la forme de communautés urbaines, d'intercommunalité ou de « pays », il apparaît que c'est à ce niveau de proximité que les coopérations sont les plus fructueuses et la conduite de projets de développement économique la plus efficace : suffisamment restreint pour que les acteurs se rencontrent et se comprennent, suffisamment large pour réunir les moyens nécessaires à l'action. En dessous, la plupart de nos 36 000 communes proposent des ressources humaines et matérielles beaucoup trop limitées. Leur regroupement doit continuer à être encouragé, sans doute jusqu'à une véritable fusion dans des entités plus larges qui en diminueraient le nombre.

8 Développer les régions pour une meilleure intégration européenne

Par leur position médiane dans le système territorial, les régions sont à l'évidence destinées à recevoir les compétences que l'État exerce mal. Elles pourraient, notamment, devenir clairement chefs de file de l'action économique. Encore les régions françaises, on l'a dit, manquent-elles de puissance. Deux évolutions sont possibles : aller vers de grandes régions en les regroupant ou favoriser des coopérations interrégionales. L'objectif est qu'elles puissent intégrer la dimension européenne dans leur développement.

9 Supprimer, à terme, les départements

Ne disposant pas de prérogatives importantes (sauf en matière de politique sociale), le département ne semble persister que pour des raisons politiques. C'est à ce niveau que l'on peut constater l'essentiel des doublons administratifs qui alourdissent les dépenses. Cette institution, issue de la Révolution française, ne saurait évidemment être rayée d'un trait de plume. Mais il convient dès aujourd'hui d'en préparer la disparition à moyenne échéance et de répartir, par concertation entre les acteurs nationaux, régionaux et locaux, les compétences encore exercées par cet échelon territorial, notamment en matière sociale.

chapitre 3

Entreprises et administration, passer de la défiance à la confiance

Introduction
Pour en finir avec le harcèlement textuel

Pourquoi, en France, crée-t-on moins d'entreprises qu'ailleurs en Europe ou aux États-Unis ? On apporte souvent à cette question des réponses évasives évoquant l'idée d'une « culture entrepreneuriale » qui serait moins développée chez nous que dans les autres pays. C'est sans doute vrai. Mais l'explication n'est pas suffisante.

Le CJD, comme c'est son rôle, s'est interrogé sur le métier des dirigeants-entrepreneurs afin de leur proposer une formation spécifique sur trois ans. Pour monter ce projet « Copernic », il a mené, pendant l'année 2001, une recherche approfondie, avec l'aide d'experts et de responsables de l'administration, sur les attentes des chefs d'entreprise, leurs besoins et leurs difficultés. Et il est ressorti clairement de cette étude, entre autres points, que la lourdeur administrative était un des principaux facteurs de leur démotivation, faisant renoncer les uns à créer leur propre structure et poussant les autres à quitter celle qu'ils dirigeaient...

Au moment où on parle de harcèlement sexuel ou moral des salariés, les chefs d'entreprise se sentent, eux, victimes d'un « harcèlement textuel » de la part de l'administration. Chaque année, ce sont des dizaines de lois et de décrets qui viennent s'ajouter aux précédents – car aucun texte n'est jamais formellement aboli – et conduisent à devoir respecter des milliers de règles de droit. Ainsi, un jeune chef d'entreprise ne peut-il qu'être saisi de vertige quand il s'interroge sur le nombre de pages que contiendra le Code du travail quand il prendra sa retraite… Et nul n'est censé ignorer la loi !

À l'impossibilité technique de faire face à cette prolifération sans l'aide de spécialistes qu'une petite entreprise n'a pas les moyens de se payer, s'ajoute le sentiment qu'un tel encadrement légal relève d'une culture de la suspicion permanente. Sentiment renforcé par l'attitude même de l'administration qui privilégie le contrôle et le redressement au conseil, en s'attachant à des points de détail, et ne manque pas une occasion de manifester sa méfiance à chaque initiative prise par un chef d'entreprise. Mais comment évoluer, expérimenter, innover s'il est impossible de sortir du cadre, si nous devons toujours nous en tenir à la lettre de textes qui ne sont souvent plus adaptés aux mutations économiques, sociales et sociétales que nous vivons ?

Deux logiques s'affrontent : celle du temps rapide et réactif des entreprises et celle du temps long des précautions administratives[1]. Comment les rapprocher ?

À cet égard, le CJD s'est réjoui du souci du gouvernement de s'attaquer à la question de la simplification administrative et c'est la raison pour laquelle il

---

1. Voir aussi, à ce sujet, le chapitre précédent.

a proposé de réaliser une enquête de terrain auprès de ses adhérents dans l'esprit constructif qui est traditionnellement le sien.

Les résultats obtenus ne prétendent pas recouvrir tout le champ de la simplification mais ils sont représentatifs des attentes des jeunes dirigeants. On en trouvera la synthèse dans les pages qui suivent.

Mais nous avons surtout essayé de dégager les axes de réflexion et la cohérence globale qui émergeaient de ces attentes et de ces propositions. L'amélioration des relations entre entreprises et administration ne relève pas seulement de mesures ponctuelles et partielles sauf à se contenter de cautères sur une jambe de bois. C'est l'esprit, le sens même de ces relations qu'il faut faire évoluer selon, à notre avis, les trois règles – réduction, harmonisation, équité – et le principe – confiance – qui sont développés dans ce chapitre.

L'enjeu est d'importance et nous serions déçus que la bonne volonté affichée par le gouvernement n'aboutisse pas à une réforme réelle et profonde des pratiques administratives et des règlements qui entravent inutilement le bon fonctionnement de notre économie. Il en va en effet de la compétitivité de nos entreprises, en particulier des plus petites d'entre elles dont on sait qu'elles sont les plus fortement créatrices d'emploi.

De son côté, le CJD est prêt à renforcer sa coopération avec l'administration pour trouver avec elle les meilleures réponses aux questions qui se posent. Cela correspond à notre souci de nous positionner partout en termes de performance globale, seul moyen à nos yeux de construire une économie et une société au service de l'homme[1].

---

1. Cette analyse a été publiée en décembre 2002.

Le regard des jeunes dirigeants sur la simplification administrative, principaux enseignements de l'enquête[1]

Quels domaines devraient prioritairement faire l'objet de simplifications ?

Les dirigeants ont d'abord eu à classer, par ordre de priorité, les différents domaines de la gestion d'une entreprise qui devraient faire l'objet de simplification et d'allégement des contraintes administratives. Voici leurs réponses :

Priorité 1	Droit du travail
Priorité 2	Droit fiscal
Priorité 3	Droit de la Sécurité sociale
Priorité 4	Droit administratif
Priorité 5	Droit des sociétés
Priorité 6	Enquêtes statistiques
Priorité 7	Formation professionnelle
Priorité 8	Droit européen
Priorité 9	Sécurité des personnes
Priorité 10	Comptabilité

- En ce qui concerne la simplification du droit du travail, le score est sans appel : un dirigeant sur deux la place au premier rang des priorités et ils sont 82 % à la désigner en 1re, 2e ou 3e position. Le droit fiscal

---

1. Dans le cadre de son projet de réforme sur les formalités administratives, le secrétariat d'État aux PME a sollicité, fin 2002, l'avis du Centre des jeunes dirigeants d'entreprise. Pour répondre à cette demande, le CJD a mené une enquête auprès de ses adhérents par voie de questionnaire. Les chiffres dont il est fait état ici sont les résultats de cette enquête interne à laquelle ont répondu 255 chefs d'entreprise. L'ensemble des résultats est disponible au CJD.

arrive au deuxième rang du classement pondéré : il n'est désigné en priorité 1 que par 17 % des dirigeants, mais les deux tiers le classent aux trois premières places.

- Lorsqu'on analyse les réponses en différenciant les entreprises par taille d'effectif ou par secteur d'activité, droit du travail et droit fiscal sont toujours choisis en 1re ou 2e priorité.

- Dans le haut du classement, l'analyse par taille d'effectif fait apparaître des résultats qui restent relativement homogènes d'une taille d'entreprise à l'autre. On constate toutefois que le souhait de voir s'alléger les formalités liées au droit administratif, très fort dans les entreprises aux effectifs réduits (priorité 3 dans les entreprises de moins de 20 salariés) s'amoindrit dans les entreprises plus grandes, pour être relégué au 7e rang pour celles de plus de 300 personnes.

- Le phénomène est le même en ce qui concerne la formation professionnelle et la comptabilité : les entreprises de taille modeste se sentent plus pénalisées que les autres dans la gestion administrative de ces questions, car elles n'ont pas les moyens d'embaucher des spécialistes.

- À l'inverse, les préoccupations liées au droit de la sécurité sociale sont plus marquées dans les entreprises moyennes et grandes. Ceci s'explique aisément par la diversité et la complexité engendrées par un personnel plus nombreux.

Qui travaille sur les formalités de gestion des entreprises ?

Dans un second temps, les dirigeants interrogés ont indiqué qui dans leur entreprise est en charge des formalités de la gestion administrative et juridique (déclarations, formulaires, tenue des dossiers) dans les

différents domaines désignés comme prioritaires – eux-
mêmes, des collaborateurs ou des prestataires externes :

Taux d'implication des personnes sur les formalités administratives

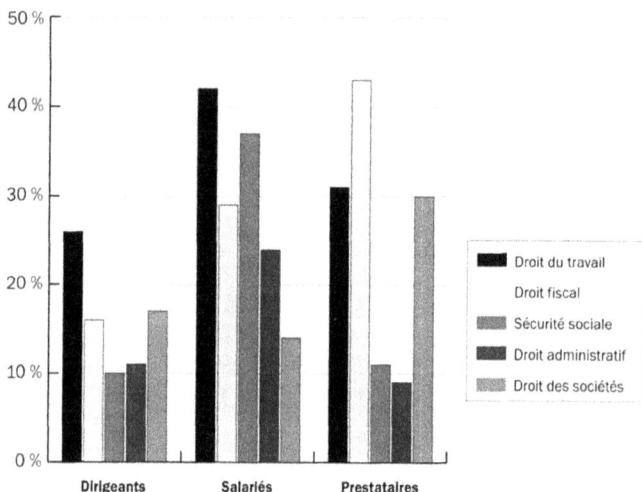

- Le droit du travail est un souci partagé par tous – dirigeants, salariés, prestataires –, ce qui confirme à la fois
  son importance, son poids, ses multiples implications,
  ainsi que le temps qui y est consacré. Et c'est le
  domaine où les dirigeants sont les plus engagés
  (27 %), bien avant même le droit des sociétés.
  Lorsqu'on les consulte spécifiquement sur ce qu'il
  faudrait d'abord simplifier dans ce secteur, ceux-ci
  désignent en priorité les éléments liés à l'établissement
  de la feuille de paie et la gestion des horaires de travail.

- Ce sont, assez logiquement, les salariés qui sont le
  plus directement impliqués dans la gestion administrative. Après le droit du travail (42 %) qui constitue
  le plus gros morceau, ils s'occupent du droit de la
  sécurité sociale (37 %), de la comptabilité (30 %), du
  droit fiscal (29 %), du droit administratif (24 %) et
  de la formation professionnelle (22 %).

- Le recours aux prestataires extérieurs est lui prioritairement dédié au droit fiscal (43 %), au droit du travail (31 %), au droit des sociétés (30 %) et à la comptabilité (23 %). C'est donc à eux qu'on laisse majoritairement les domaines les plus techniques (droit fiscal, droit des sociétés).

- Par ailleurs, on notera que l'implication des dirigeants est également forte sur le droit des sociétés, classé au 5e rang des priorités, mais aussi sur la formation, (7e rang) et le droit commercial qui, bien que classé au 12e rang, est un sujet d'implication pour 17 % des dirigeants.

Quelle serait la mesure de simplification la plus efficace ?

Quand on leur demande de sélectionner une seule approche qui serait pour eux la plus efficace en matière de simplification de la gestion administrative, les dirigeants soulignent évidemment la nécessité de réduire le nombre d'interlocuteurs (15 % des réponses) ou le nombre de documents (25 %) mais c'est bien la réduction du nombre des réglementations qui est choisie par plus de la moitié d'entre eux (56 %).

Approche la plus efficace

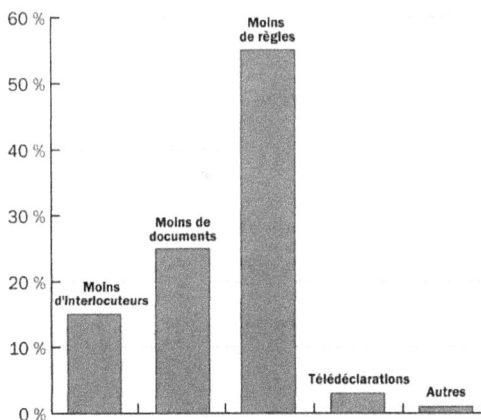

Comment sont utilisées les télédéclarations ?

Deux tiers des entreprises interrogées sont utilisatrices de la télédéclaration pour certains actes administratifs et juridiques. Plus les entreprises sont grandes, plus cet usage est institué. Il est de 42 % pour les entreprises de moins de dix salariés et de 93 % pour celles de plus de 300.

Utilisation des télédéclarations

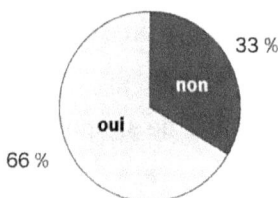

33 %

non

oui

66 %

Et lorsqu'il s'agit de qualifier l'usage des télédéclarations en termes de simplification et de gain de temps sur une échelle de 1 (insatisfaisant) à 4 (très satisfaisant) plus des deux tiers des entreprises se déclarent satisfaites ou très satisfaites.

Taux de satisfaction

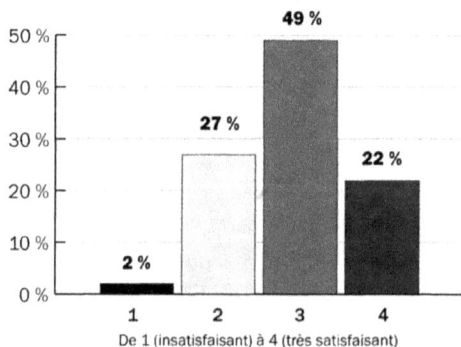

De 1 (insatisfaisant) à 4 (très satisfaisant)

Réduction, harmonisation et équité pour plus de confiance

« Trop de lois tue la loi. » La formule, habituellement appliquée à l'impôt, peut paraître facile. Mais elle illustre bien le sentiment partagé par l'ensemble des jeunes dirigeants interrogés pour cette enquête sur la simplification administrative. Ils souhaitent moins de lois, mieux appliquées et de manière plus équitable.

Aujourd'hui, la multiplicité des textes, leur superposition, voire, dans certains cas, les contradictions qui en découlent, sont sources d'un tracas quotidien et paralysent souvent les initiatives et les innovations, pourtant nécessaires à la vie des entreprises. Car la loi évolue toujours moins vite que la vie. En matière de droit du travail, par exemple (c'est le domaine dont la complexité est le plus souvent relevée), un chef d'entreprise peut se retrouver facilement « hors la loi », alors même qu'il pense prendre des décisions organisationnelles favorables à ses employés et à la bonne marche de son entreprise. Cela est particulièrement sensible pour les petites entreprises qui n'ont pas les moyens de s'offrir les services de juristes capables de décrypter les arcanes des textes et de les interpréter ou, parfois, de les contourner.

Car là réside un paradoxe bien français : plus on vote de lois, moins elles semblent appliquées et respectées. Et dans ce jeu du chat et de la souris, ce sont évidemment ceux qui ont les meilleurs juristes à leur service qui s'en tirent le mieux.

Le système est pervers : beaucoup de lois ont pour but une meilleure application des lois précédentes, mais, en complexifiant le droit et en alourdissant sa pression, elles en deviennent inapplicables et poussent à l'erreur. Et cela génère de grandes inégalités entre ceux qui peuvent se défendre – en général les grandes entreprises – et ceux qui n'en ont pas la capacité technique et financière – les PME. Beaucoup de dirigeants interrogés se sont ainsi montrés très choqués de cette impuissance de l'État à faire appliquer de manière plus stricte les textes existants.

Il ne s'agit donc pas ici de remettre en cause la nécessité d'un encadrement légal de la vie des entreprises et des marchés, mais de se demander s'il n'y a pas lieu aujourd'hui « d'encadrer l'encadrement par la loi ». Autrement dit, pour les chefs d'entreprise, la simplification et la réduction des textes ne sont pas attendues seulement comme un allégement de leurs contraintes mais aussi comme le seul moyen que ces textes soient appliqués de manière plus harmonieuse et équitable à toutes les entreprises et dans toutes les régions.

Ainsi, comme le CJD le préconise depuis long-temps, on devrait arriver à la constitution d'un corpus de lois-cadres relativement restreint, clair et cohérent, qui permettrait, en particulier dans le domaine du droit du travail, mais aussi dans d'autres domaines, de laisser une plus large place à la négociation et au contrat, la « société de contrat » apparaissant aujourd'hui comme une forme légale mieux adaptée à l'individualisme et à la complexité contemporains.

Ce mouvement de simplification et de contractualisation doit donc être pensé selon trois grandes règles, réduction, harmonisation et équité, dans le cadre d'une harmonisation européenne qui, elle aussi, est attendue des chefs d'entreprise.

Réduire les textes et le nombre d'interlocuteurs

L'organisation et le fonctionnement quotidiens de l'entreprise sont soumis à d'innombrables contraintes administratives. Pour beaucoup de dirigeants, la première démarche serait de procéder à une diminution drastique des textes réglementaires, des guichets administratifs et des formulaires en tous genres. On ne s'étonnera pas de l'ampleur avec laquelle ils se prononcent pour la réduction :

- Du nombre de règles, prioritairement en ce qui concerne le code du travail et le droit fiscal, complexes et sources d'inégalités entre les entreprises.

- De la quantité des interlocuteurs qui oblige les responsables des entreprises à effectuer des parcours labyrinthiques et chronophages entre les différents services administratifs, eux-mêmes répartis sur des échelons territoriaux multiples (communes, départements, régions, État, Europe…). On ne sait plus finalement qui fait quoi et où se prennent les décisions.

- De la multiplicité des documents à fournir de manière répétitive, sachant que les formulaires et justificatifs demandés sont souvent les mêmes d'une administration à l'autre.

Harmoniser les pratiques

Les entreprises ont à gérer les interactions entre des systèmes multiformes et répondant à des logiques disparates. Quelques exemples, parmi les plus criants :

- **Les retraites**. Entre le régime général, composé du régime de base et des caisses complémentaires, les régimes spéciaux, les régimes des fonctionnaires et ceux des non-salariés, la variété des modes de calculs, les durées de cotisation différentes, les possibilités de préretraites, la loi crée un imbroglio et des inégalités de fait qui pénalisent les petites entreprises. Celles-ci, en effet, ne peuvent pas faire bénéficier leurs salariés des mêmes avantages que les grandes entreprises et le service public et perdent donc un moyen de les fidéliser.

- **Les conventions collectives**. Là encore, l'histoire des revendications syndicales a fait que tous les salariés ne bénéficient pas des mêmes avantages et que, corrélativement, toutes les entreprises ne sont pas soumises aux mêmes astreintes administratives. À cela s'ajoute le fait que certaines entreprises sont rattachées à des branches professionnelles dont les préoccupations de fond sont très éloignées des leurs (par exemple les entreprises informatiques qui dépendent de l'UIMM).

- **Les divergences de traitement entre le secteur public et le secteur privé.** S'il est un point difficilement supportable pour les chefs d'entreprise, c'est de se voir obligé de mettre en œuvre des lois et règlements que l'État est incapable d'appliquer à ses propres salariés. Est-il normal, par exemple, que l'État ait institué un système de CDD à répétition par l'intermédiaire des vacataires et des contractuels quand cela est interdit au privé ? Est-il juste que les fonctionnaires bénéficient depuis des années de fonds de pension quand on repousse sans cesse leur création pour le privé ?

- **La création d'entreprise.** Pourquoi est-il si facile de créer une entreprise en Grande-Bretagne quand cela relève en France du parcours du combattant ? Peut-on continuer de construire l'Europe sur de telles différences d'approches ?

La complexité dans tous ces domaines produit une opacité malsaine et inacceptable dans une société démocratique. Elle provoque de l'incompréhension, des dysfonctionnements, et finit par servir de justification aux fraudes.

L'harmonisation des systèmes de régulation et de gestion des entreprises et de leurs modes de fonctionnement est devenue une condition indispensable à la fois à la transparence économique souhaitée par nos concitoyens et à la simplification administrative. Elle doit se faire dans le cadre de l'intégration européenne qui offre une bonne opportunité pour s'y engager.

Assurer l'équité de traitement

La multiplicité des obligations qui s'imposent aux entreprises, les interférences entre les systèmes auxquels elles doivent se soumettre entraînent, au-delà même des contraintes, de nombreuses inégalités qui peuvent grever leur compétitivité et déséquilibrer les règles normales de la concurrence.

Comme le souligne notre enquête, il faut être attentif au fait que ces inégalités peuvent provenir de deux attitudes apparemment contradictoires :

- Soit les règles administratives pèsent plus lourdement sur certaines entreprises parce qu'elles tiennent compte de leur taille, de leur statut juridique, de leur secteur d'activité ou encore de leurs types de marchés.

- Soit, au contraire, d'autres obligations portent de manière identique sur toutes les entreprises sans distinguer leur nature et leur capacité à y souscrire.

À cela s'ajoute le fait que beaucoup de lois semblent surtout faites pour les grandes entreprises, leur donnant *de facto* un certain nombre de privilèges et de facilités, alors même qu'elles n'emploient plus qu'un petit tiers des salariés du secteur privé.

C'est pourquoi, à l'occasion de la simplification et de l'allégement des contraintes administratives de la vie des entreprises, ce qui doit être visé, c'est non pas l'égalité *a priori* (qui a souvent le visage de l'égalitarisme idéologique), mais l'obligation républicaine d'une véritable équité de traitement de l'État envers les entreprises de France.

Autrement dit, des règles mieux adaptées à la réalité du fonctionnement et de l'environnement de chaque entreprise, appliquées selon des critères d'utilité et d'efficacité.

Instaurer une culture de la confiance

Les trois règles développées ci-dessus devraient permettre de simplifier des lois devenues inapplicables du fait de leur prolifération. Mais, à notre sens, la simplification passe aussi par une amélioration des relations entre les entreprises et l'État ou son représentant, l'administration. Fruit d'une histoire particulière, frappée du double sceau de la preuve et du contrôle, cette relation témoigne d'une redoutable culture de la défiance. D'un côté, une approche administrative qui fonctionne sur le soupçon et suppose que les entreprises ne peuvent que chercher à frauder et à échapper à la loi. De l'autre, des chefs d'entreprise qui ont tendance à penser que la plupart des textes ont été rédigés dans le but de leur compliquer la tâche et d'entraver leurs initiatives. En fait, des logiques contradictoires et une incompréhension mutuelle qui pénalisent autant le fonctionnement de l'État que celui des entreprises.

Ainsi la réforme sur la simplification et l'allégement des contraintes administratives, si elle veut aboutir, doit d'abord être l'occasion d'une rencontre nouvelle entre l'État et les entreprises et marquer le passage d'une société de la défiance à une société de la confiance.

Six propositions
pour établir des relations
de confiance

Créer un guichet unique

La première mesure urgente serait de créer un guichet unique qui serve d'interface avec toutes les institutions (Urssaf, retraite, maladie, fisc, douanes, inspection du travail...) et ait un rôle d'accompagnement et de conseil. Il s'appuierait sur un site Internet donnant accès à tous les formulaires et sur un guide pratique par domaine institutionnel. Le portail net-entreprises.fr, actuellement en développement, va dans ce sens et semble répondre à ce besoin.

Simplifier le contrat de travail

Pour faciliter la création d'entreprise, l'administration devrait, d'une part, proposer un contrat type de base, interprofessionnel, et, d'autre part, étendre l'utilisation du chèque emploi service pour le premier salarié et, plus largement, pour les PME de moins de dix salariés.

Lien

Cette proposition est en lien avec :

- Les propositions n° 14 et 15, concernant le contrat de travail, du rapport de la commission de Virville publié en janvier 2004 :

    Proposition n° 14 : *« Il convient d'abord de rendre obligatoire par la loi la formalisation par écrit du contrat de travail, sans pour* *autant exiger l'écrit en condition de validité du contrat. Le contrat à durée indéterminée demeure un contrat consensuel, ce qui permettrait d'informer clairement le salarié, notamment lors de son embauche, des engagements contractuels que lui-même et son employeur ont pris l'un à l'égard de l'autre. Ce contrat écrit devrait s'accompagner d'un document retraçant le cadre dans lequel s'inscrit la relation de travail et rappelant, à titre d'information, les règles d'origine non contractuelle qui s'appliquent dans l'entreprise (accords collectifs de travail, engagements unilatéraux de l'employeur, en particulier règlement intérieur ou horaire de travail).* »

Proposition n° 15 : « *La commission préconise par ailleurs que soient définis, par la loi, les éléments devant obligatoirement figurer dans le contrat de travail, à savoir la nature du contrat, la qualification, les éléments garantis de la rémunération, le secteur géographique, la durée du travail (au sens du volume de la prestation), et que soit expressément précisé le fait que ces éléments ne peuvent être modifiés sans l'accord exprès du salarié. Par ailleurs, pour faciliter la tâche des usagers, la loi pourrait renvoyer au règlement ou à la négociation collective le soin d'élaborer des contrats de travail types.* »

- La décision du gouvernement, en novembre 2003, de la création d'un TESE (titre emploi simplifié pour les entreprises), équivalent du chèque emploi service.

Clarifier la feuille de paie

La lecture de nos feuilles de paie fait rire nombre de nos voisins européens et s'arracher les cheveux aux comptables débutants. Il est nécessaire de clarifier les taux et les assiettes des cotisations et de globaliser ces cotisations sur une seule ligne, charge à l'administration d'en assurer la répartition. Cette mesure qui est essentiellement technique devrait pouvoir être mise en œuvre rapidement et ferait l'unanimité chez les chefs d'entreprise. Elle éviterait bien des erreurs.

Lien

Cette proposition est à l'étude. Le COSA (Conseil d'orientation pour la simplification administrative) a notamment pour objectif d'alléger les formalités résultant de la législation sociale. Il se penche, à ce titre, sur la simplification de la feuille de paie.

13 Créer une certification de bonne pratique pour les entreprises

Moyennant une évaluation initiale sur un certain nombre de critères et renouvelable par période de deux ou trois ans, les entreprises obtiendraient un certificat de bonne pratique administrative. Elles bénéficieraient alors d'une simplification des démarches administratives et de l'acceptation de déclarations sur l'honneur.

La certification pourrait être attribuée à l'issue du processus suivant :

- Mise en œuvre, dans l'entreprise, d'une organisation et de procédures nécessaires pour assurer la qualité et la fiabilité dans l'application des règles administratives et fiscales ;

- Constatation par l'administration du respect de l'application des lois et de l'exactitude du calcul des charges sociales, des taxes et impôts.

On pourrait, par la même occasion, proposer à chaque entreprise un interlocuteur pour l'aider à mettre en œuvre la démarche de certification, ainsi que pour la conseiller et l'informer, sur les bases d'un apport pédagogique ; à cet égard les nouvelles technologies peuvent être au service d'un dialogue de proximité.

Cette démarche de conseil serait aussi l'occasion, pour l'administration, de vérifier le bien-fondé de certains textes et de s'interroger sur les moyens de les respecter concrètement. Elle s'inscrirait dans une démarche constructive et non répressive.

Certaines Urssaf agissent d'ailleurs de cette manière, en allant à la rencontre des entreprises pour les conseiller ou en accompagnant des créateurs.

Lien

Cette proposition est à l'étude. Un des autres objectifs du COSA (voir encadré précédent) est de substituer des régimes déclaratifs à certains régimes d'autorisation administrative préalable.

Accorder le droit à l'expérimentation

Cela consiste à donner le droit de pouvoir sortir, pour une période donnée, du cadre législatif strict. Le droit d'expérimentation permet d'engendrer des démarches d'innovation en matière d'organisation du travail et d'application de « lois cadres », qui sont tout aussi essentielles que l'innovation en matière de produits et de services.

Proposer des lois cadres dont l'application ne soit pas uniforme

Certaines lois, on l'a dit, sont difficilement applicables telles quelles dans toutes les entreprises, quelle que soit leur taille. Comme le CJD l'a souvent demandé, il conviendrait plutôt de définir des lois cadres dont l'application concrète serait négociée entre les partenaires sociaux au niveau des entreprises (ce qui nécessite la mise en place d'un vrai dialogue social).

De même, les représentants des PME devraient être systématiquement sollicités au moment de l'élaboration des lois qui les concernent. Pour faciliter cette consultation, un conseil d'orientation intégrant ces représentants pourrait être rattaché au secrétariat d'État aux PME.

chapitre 4

Les grandes entreprises aussi ont commencé petites

Introduction
Des grandes industries aux PME, changeons d'ère

En France, nous disposons d'un grand ministère de l'Économie, des Finances et de l'Industrie. En son sein, nous avons un ministère délégué à l'Industrie et un autre délégué au Commerce extérieur. Et puis un secrétariat d'État aux PME, au Commerce, à l'Artisanat, aux Professions libérales et à la Consommation. Rien moins. Ce n'est pas faire offense au titulaire de ce portefeuille que de souligner cette bizarrerie : il a en charge l'essentiel de l'économie productive, la grande majorité des emplois et 60 millions de consommateurs, et n'est à la tête que d'un modeste secrétariat d'État. À l'opposé, la ministre de l'Industrie se consacre entièrement à 21 000 entreprises industrielles (sur 2 400 000 entreprises françaises, donc moins de 1 %) qui représentent moins de 10 % des salariés actifs et 4,8 % des exportations...

Mais il y a un autre paradoxe dans ces attributions ministérielles. Pourquoi une telle focalisation sur l'industrie, qui est célébrée dans le titre même du grand ministère, alors que celle-ci ne compte plus que pour 19 % du PIB et que l'on dit partout que notre pays est en voie de désindustrialisation – le ministère délégué ne pouvant apparemment pas endiguer la décrue ? Pourquoi pas, plutôt, deux ministères délégués : un aux Grandes Entreprises et un aux PME, au Commerce, à l'Artisanat et aux Professions libérales qui seraient plus cohérent avec la réalité ? Ou encore un ministère délégué aux Services qui ferait le pendant à ceux de l'Industrie et du Commerce extérieur ? Car ceux-ci sont désormais prépondérants dans l'économie. Plus de 5 millions d'emplois dans les seuls services marchands, plus de 34 % des entreprises (contre 25 % pour les entreprises de commerce). Encore ne tient-on pas compte du poids des services non marchands comme la santé, l'éducation ou l'action sociale (3,6 millions d'emplois), ni du fait que toutes les entreprises développent de plus en plus la dimension de service, y compris les entreprises industrielles...

Il est ainsi un peu inquiétant de constater que l'État ne semble pas encore sorti de l'ère industrielle qui triomphait au début des années 1970. Et donc qu'il ne sait pas réellement prendre en compte les mutations économiques actuelles.

Ce ne sont pas les ministères qui font l'économie, heureusement, mais cette répartition déséquilibrée est révélatrice du problème majeur que nous soulignons dans ce chapitre et dont souffrent les PME : un manque de reconnaissance de leur importance économique et de leur place essentielle dans la constitution du tissu économique et social français.

Faut-il rappeler que les PME sont aujourd'hui, dans notre pays, les principales actrices du développement économique et de la création d'emplois ? Elles couvraient 59 % de l'emploi en 1985 et 66 %

en 2001, tandis que les chiffres se sont inversés pour les grandes entreprises : 41 % en 1985, 34 % en 2001. Elles génèrent 53 % de la valeur ajoutée, 30 % des exportations et 41 % des investissements. Elles sont à la source de l'innovation : 42 % des brevets déposés dans le domaine de l'environnement, par exemple, l'ont été par des PME. Elles sont le fer de lance des économies régionales et apportent leur soutien à la vie locale. Et, surtout, elles sont le point de départ de la création des grandes entreprises. Devraient être, plutôt. Car justement, en France, il y a trop peu de grandes entreprises nouvelles issues de petites (la plupart naissent plutôt de fusions).

Comment entrer dans un cercle vertueux qui aille de la petite à la grande entreprise, celle-ci donnant à son tour du travail aux petites et suscitant la création de nouvelles activités ? En accordant aux PME toute l'attention qu'elles méritent et en facilitant leur fonctionnement qui est souvent entravé par des dispositions inadaptées à leur réalité. C'est le sens des principales propositions que nous faisons et qui doivent les aider à libérer tout le dynamisme dont elles sont porteuses. Et nous permettre d'entrer dans l'ère de la reconnaissance et du développement des PME.[1]

À la recherche de la PME perdue...

Tout le monde en est d'accord : il faut stimuler le développement des PME existantes. Mais de quelles PME parle-t-on ? Le gouvernement semble actuellement mettre l'accent sur la constitution et la consolidation des petites entreprises, voire des très petites, les fameu-

1. Ce rapport a été publié en janvier 2004.

ses TPE. Mais chaque entreprise, quelle que soit sa taille, a toujours commencé petite... Et ce ne sont pas obligatoirement les nouvelles nées ou les plus petites qui ont besoin de soutien dans leur développement. Les phases critiques de croissance des PME se situent souvent plusieurs années après leur création, entre cinq et sept ans.

Ainsi, la question qui se pose, outre le fait de permettre la création des entreprises, est la capacité de les faire croître pour qu'elles fortifient davantage le tissu économique.

Si on a perdu l'habitude de distinguer entre PME et PMI, l'unification sous la même bannière « PME » ne doit pas masquer qu'il n'y a aucune commune mesure entre un cabinet de chasseurs de têtes de 15 personnes et une industrie d'extrusion du plastique de 200 personnes, sous-traitante de grands groupes automobiles. Ainsi les PME recouvrent-elles un champ quasi infini d'activités dans tous les secteurs économiques et sociaux, y compris ceux de la santé, de l'action sociale, de la culture et de l'éducation.

Que sont donc les PME ? Les 99,6 % d'entreprises qui ne sont pas des grandes entreprises et qui représentent 60 % des salariés, 65 % de l'emploi total[1] (10 millions de personnes occupées) et 53 % de la valeur ajoutée[2]. Ou bien les entreprises de moins de 250 personnes qui se divisent en « moyennes » (de 50 à 249 personnes), « petites » (de 10 à 49) et « micro » (de 0 à 9). Encore ce découpage correspond-il à la définition européenne, puisqu'en France, on considère parfois comme PME les entreprises allant jusqu'à 500 personnes.

On ne sait finalement définir les PME que par des chiffres concernant leur quantité ou leur taille, chiffres qui,

1. Contre 46 % aux États-Unis et 33 % au Japon.
2. Sauf mention contraire, les chiffres cités sont extraits du livret « Les chiffres clés des PME », édition 2002, ministère de l'Économie, des Finances et de l'Industrie.

dans leur globalité, cachent des situations très différentes. Il y aurait environ 2 400 000 entreprises dans notre pays. Mais 93 % sont des micro-entreprises (dont 48 % n'ayant aucun salarié), 5,8 % des petites, 0,9 % des moyennes et 0,2 % des grandes.

Faut-il donc faire porter l'effort de développement sur l'ensemble des PME, sur les 147 000 petites ou les 23 000 moyennes ? Et soutenir en priorité le secteur industriel, alors qu'on assiste à un déclin permanent des emplois dans ce domaine, ou celui des services, qui ne compense plus suffisamment les pertes d'emplois industriels mais semble plus porteur d'avenir ?

Comment agir efficacement sans avoir une connaissance plus objective et plus concrète de la réalité ? Tel est à notre sens le premier problème à aborder lorsqu'on souhaite s'attaquer au développement des PME : celles-ci constituent une équation complexe à beaucoup d'inconnues et à variantes multiples... et peu de chercheurs se sont acharnés à la résoudre.

Combien de livres, d'études, d'articles sur les 100 ou 200 premières entreprises françaises et combien sur les 2 400 000 autres ? Au fond, nous ignorons comment fonctionne dans le détail le cœur de notre système économique. Sait-on, par exemple, que trois PME sur quatre sont implantées dans des communes de moins de 100 000 habitants, et sont ainsi parties prenantes de la vie économique et sociale de leur environnement, essentielles au développement des territoires ?

Ce déficit de connaissances est gravissime et il est à la source de la plupart des autres dysfonctionnements que l'on peut constater, tant au niveau juridique qu'administratif, syndical ou financier. Personne ne sait réellement décrire ce qu'est « une » PME et, devant la complexité et la diversité de cette *terra incognita*, on préfère faire comme si elle était une grande entreprise en miniature et lui appliquer les mêmes règles.

Mieux connaître le monde des PME, est-ce une tâche impossible, à l'heure où le marketing est capable d'une segmentation et d'un ciblage de plus en plus pointu des clients, jusqu'à être en mesure de décrypter les besoins spécifiques de chacun d'entre eux ? Les outils et les méthodes existent. Ne manquent que la volonté politique et les moyens financiers pour lancer des études à même de nous restituer une analyse plus riche et plus précise de ce monde. Celles-ci pourraient être confiées à des experts dans le cadre de programmes de recherches commandés par le secrétariat d'État aux PME ou émaner de mouvements patronaux dont c'est aussi le rôle.

Un de leurs objectifs serait d'aboutir à des modèles de développement différenciés et spécifiques des PME qu'il conviendrait de diffuser largement (information, formation, retour d'expérience).

Des difficultés à grandir

Il n'y a pas assez de PME en France. Ce leitmotiv, entonné à toutes les occasions, est une preuve de plus de la méconnaissance du problème. Pour affirmer cela, on compare en général la situation française à celle du Royaume-Uni qui compte plus de 3 600 000 entreprises. Mais sait-on que dans ce pays, ce sont les grandes entreprises qui représentent la plus grande part de l'emploi, de même que dans la plupart des pays d'Europe du Nord (Allemagne, Belgique, Irlande, Finlande, Pays-Bas, Suède) ? Au contraire, en France, ce sont les micro-entreprises qui représentent proportionnellement la plus grande part de l'emploi, ce qui nous classe sans conteste avec les pays du Sud : Espagne, Grèce et Italie, qui sont dans le même cas[1].

---

1. Données Eurostat/DG XIII Entreprises, « Entreprises en Europe », sixième rapport.

Le dynamisme économique ne peut donc seulement être mesuré à l'aune du nombre d'entreprises. Il est certes important qu'en apparaissent de nouvelles, mais il est plus important encore qu'elles puissent se développer jusqu'à devenir grandes, voire très grandes.

Or, en France, justement, la continuité de développement entre petites et grandes entreprises est souvent mal assurée et il y a peu de grandes entreprises nouvelles, issues de la création de PME.

Qui saurait en citer une récemment arrivée sur le marché ? C'est d'ailleurs une faiblesse que notre pays partage avec les autres pays de l'Union : sur les 25 plus grandes entreprises américaines actuelles, 19 n'existaient pas en 1960 ; sur les 25 plus grandes entreprises européennes, les 25 existaient en 1960. De même, une étude récente montre que sur les 1 000 plus grandes entreprises dans le monde, il y a 88 nouvelles grandes entreprises américaines, dont 73 % sont « du sang neuf » (création complète) et 27 % le résultat de fusions. Pour l'Europe, la proportion est plus qu'inversée : il y a seulement 49 nouvelles grandes entreprises, dont 82 % sont le résultat de fusions (ex. : AIR FRANCE + KLM) et seulement 18 % constituent du « sang neuf »[1].

Cette différence s'explique d'abord par la grande capacité d'innovation des entreprises américaines mais aussi par l'accessibilité et la taille de leur marché. Et cela montre, à rebours, que le marché européen – qui est potentiellement plus important que le marché américain – ne fonctionne pas encore réellement comme un marché intérieur permettant le développement de grandes entreprises européennes. Dit d'une autre façon, les PME ont du mal à dépasser l'échelon national (en France, elles ne pèsent que 30 % des exportations).

---

1. Donnée fournies par Emmanuel Leprince (comité Richelieu).

C'est certainement une question de mentalité : leurs dirigeants ont du mal à se projeter hors de leurs frontières. Mais c'est aussi une question d'harmonisation du statut des entreprises et de la fiscalité qui restent régies par les lois du pays d'origine.

L'entreprise européenne n'existe pas encore dans les faits.

Les principaux obstacles à la reconnaissance et au développement

Les PME souffrent donc d'un manque de reconnaissance en tant que force productive et facteur principal du dynamisme économique de notre pays.

Ce n'est pas seulement une affaire d'ego de leurs dirigeants, ce qui ne serait après tout pas très grave. C'est, à notre sens, une des causes principales et directes de leurs difficultés à se développer au-delà d'un certain seuil et de leur manque d'attractivité auprès des salariés. Sans prétendre à l'exhaustivité, on peut faire un tour d'horizon des principaux obstacles que rencontrent les PME dans leur développement.

Des dispositifs législatifs inadaptés

Moins de lois, mieux appliquées et plus équitables : on ne peut que rappeler, ici, ce qui a été dit dans le chapitre précédent. Les PME ne peuvent pas se payer de services juridiques alors que les lois sont tellement complexes qu'elles posent des problèmes d'interprétation et qu'il est souvent difficile de les appliquer. Cela est d'autant plus dommageable que ces lois sont nombreuses et ne tiennent pas compte des problématiques spécifiques des petites entreprises. La même loi, pour tout le monde, est certes un principe constitutionnel : mais la réalité est parfois anticonstitutionnelle...

Des difficultés pour accéder aux marchés publics

On notera, dans le même ordre d'idées, combien il est difficile pour les PME d'accéder aux marchés publics qui semblent réservés, dans les faits, aux grandes entreprises, mieux équipées pour répondre aux appels d'offre.

Les marchés publics en France représentent plus de 10 % du PIB : c'est un volume de commandes considérable, surtout dans des domaines très innovants comme les NTIC, la santé, la défense… Or, seulement 2 à 3 % de l'ensemble des PME déclarent avoir été titulaires d'un marché public au cours des trois dernières années, notamment en raison d'un manque d'information sur les procédures d'appel d'offre.

Une absence de politique suivie envers les PME

D'une manière plus générale, L'État, en France, n'en pince que pour les grandes entreprises. Cela s'explique par des raisons historiques qui tiennent à la fois du centralisme et des habitudes industrielles. Quelle que soit la couleur politique de ses gouvernements, l'État a toujours considéré que c'était à lui d'impulser les Grands Travaux et, conséquemment, de se porter à la tête des grandes entreprises. C'est toujours le cas aujourd'hui où, malgré les apparentes dénationalisations, on sait bien que les grandes entreprises continuent d'être dirigées par d'anciens directeurs de cabinets ministériels (et réciproquement). Cette consanguinité politico-économique n'est pas seulement néfaste par la confusion qu'elle crée entre les deux domaines qui devraient rester distincts. Elle brouille la vision qu'ont les responsables politiques de la réalité économique. Ils ne proposent de lois et ne prennent de mesures que par rapport aux grandes entreprises, en fonction de leurs besoins et de ce qu'ils en connaissent.

Malgré les effets d'annonce, il n'y a jamais eu réellement de politiques spécifiques et suivies en faveur des PME. Les quelques mesures ponctuelles qui ont été prises n'ont jamais été que des déclinaisons des programmes destinés aux grandes entreprises, parce que, comme on l'a déjà souligné, les décideurs sont persuadés que les PME fonctionnent de la même façon que celles-ci.

Des financeurs frileux

On ne prête qu'aux riches. Investisseurs et banquiers connaissent mal, eux aussi, le monde des PME. Il faut dire, à leur décharge, que, réciproquement, les responsables de PME connaissent mal le monde de la finance et ne présentent pas toujours leurs dossiers de manière convaincante (nous reviendrons sur ce point plus loin). Toujours est-il que les investisseurs sont moins enclins à prendre des risques avec une PME qui a une réelle ambition d'augmenter son chiffre d'affaires qu'avec une grande entreprise qui pourtant met en jeu des sommes bien plus considérables. Et l'on demande souvent aux dirigeants de petites entreprises d'être responsables sur leurs biens propres, ce qui ne manque pas de les affaiblir.

Des délais de règlement fragilisants

La relation avec les donneurs d'ordre est tout aussi difficile et inégalitaire. Le délai de règlement moyen en France est de 64 jours (nous sommes les avant-derniers en Europe devant l'Italie qui compte 95 jours, le meilleur étant l'Allemagne avec 29 jours). Une enquête auprès des jeunes dirigeants de notre mouvement a montré que l'écart moyen entre le moment où ceux-ci payent leurs fournisseurs et le moment où ils sont réglés par leurs clients était de 17 jours.

Ces délais trop longs mettent en péril la trésorerie des PME et les fragilisent considérablement, tant dans leurs possibilités de développement par autofinancement que dans leur survie. D'autant que la défaillance de l'une d'entre elles entraîne, dans son sillage, d'autres défaillances puisque, l'État se servant le premier en tant que créancier privilégié, le plus souvent, il n'y a plus d'argent pour régler les autres créanciers que sont les entreprises fournisseurs.

Des médias qui les ignorent

Le quatrième pouvoir, qui vit, de plus en plus, dans la consanguinité avec la sphère économique et politique, ne s'intéresse qu'aux grandes entreprises, à leurs flamboyants patrons, aux dérapages de certains d'entre eux, à leurs spectaculaires fusions, à leurs chutes radicales. Audience oblige : l'auditeur, le lecteur veulent du spectaculaire, des larmes et du *people*. Difficile d'imaginer des gros titres sur le succès d'une PME de 25 personnes installée à Guéret, même si elle crée des emplois et augmente ses bénéfices. On en parlera éventuellement s'il s'y déroule une croustillante histoire de harcèlement sexuel ou moral. Les seules PME qui font la une s'appellent des start-up… Et celles-ci, depuis le krach Internet, n'ont plus bonne presse !

Ne faudrait-il pas changer l'appellation même des « PME », ce sigle qui est marqué du sceau d'une certaine « ringardise » aux yeux de nombre de nos concitoyens et qui ne dit rien de la réalité humaine de ces entreprises ?

Comment s'étonner, avec tout cela, que les PME attirent difficilement les meilleurs, qui préfèrent se diriger vers les grandes entreprises réputées plus prestigieuses et rendues plus attractives par le tableau qu'en font les médias ?

Un système éducatif auxquelles elles sont étrangères

À la limite, les jeunes savent-ils, au sortir de leurs études, que les PME existent et qu'ils peuvent y trouver du travail ? Le milieu éducatif, par méconnaissance, lui aussi, ou par *a priori* idéologique, n'est guère porté à donner une bonne image du monde de l'entreprise, voire une image tout court. Hors les filières professionnelles ou économiques, on n'en parle quasiment pas. Ce monde qui va devenir, pour beaucoup d'élèves, celui de leur vie professionnelle, on ne l'aborde concrètement, durant le cursus scolaire, que par un stage d'une semaine, en troisième, ce qui n'est pas le cas pour tous les établissements ni pour tous les élèves. Autrement, il n'est jamais décrit que de loin, abstraitement, et souvent pour en souligner les excès, les dangers et les dérives marchandes.

Des formes de dialogue social mal adaptées

Le dialogue social n'échappe pas à la logique d'un mode organisationnel centré sur les grandes entreprises, et en particulier les entreprises publiques. Il a été essentiellement pensé, au sortir de la guerre de 1939-1945, pour RENAULT, EDF et la SNCF. Des projets de réforme sont en cours. Il faut les considérer comme une première étape afin d'aboutir à une véritable structuration du dialogue social au sein des PME. Mais les organisations patronales et syndicales en sont-elles capables ?[1]

Les responsabilités propres des dirigeants de PME

Il n'est ni dans les habitudes ni dans l'esprit du CJD de reporter globalement la responsabilité des difficultés sur les autres. Si les PME en France ont du mal à se développer, c'est aussi en raison de faiblesses qui leur incombent, dont les plus importantes nous paraissent relever du manque de formation et de professionnalisation de nombreux dirigeants.

---

1. Voir aussi, sur ce sujet, le chapitre 8.

On n'a pas besoin de diplômes pour créer son entreprise, et cette liberté ne doit pas être remise en cause[1]. Il n'en demeure pas moins que la direction d'une entreprise, à chaque niveau de son développement, nécessite aujourd'hui de plus en plus de compétences managériales, financières, juridiques, relationnelles, commerciales... Au départ, le dirigeant de PME est souvent un commercial ou un technicien qui s'est lancé dans son projet sur une idée de produit ou de service et n'a pas appris à diriger. Or des compétences particulières lui sont nécessaires, telles qu'élaborer une stratégie ou décider dans un monde qui se complexifie. Et, souvent, il n'est pas conscient de ses lacunes.

Conséquence, peut-être, de ce défaut de formation, mais aussi du manque de culture d'entreprise en France, les entrepreneurs de notre pays font souvent montre d'une ouverture d'esprit insuffisante. Ainsi ont-ils peu l'habitude de travailler en réseau, en coopération, en partenariat, sans doute par peur de perdre leur indépendance ou de se faire « piquer » leurs idées. De même, ils hésitent à s'entourer de collaborateurs forts avec qui il faudrait partager leur pouvoir.

Pourtant, à chaque palier de croissance, une entreprise a besoin de se réorganiser et d'enrichir ses compétences, soit en interne, soit en externe. Et un développement trop rapide et non maîtrisé est souvent cause de défaillance, le dirigeant devant modifier ses façons de travailler.

Notons aussi, au passage, un phénomène de plus en plus d'actualité : celui de « vieux » dirigeants qui s'accrochent à leur entreprise. Outre qu'ils sont plus

---

1. Vingt pour cent des créateurs d'entreprises ont moins de 30 ans, 40 % ont de 30 à 40 ans. L'âge moyen d'un créateur est de 39 ans. Seize pour cent n'ont pas de diplôme, 35 % ont le niveau CAP/BEP/ BEPC, 17 % ont le bac, 32 % un diplôme supérieur (source Insee, enquête SINE 2002).

enclins à répéter « une formule qui marche » (à leurs yeux) qu'à innover, ils entrent dans une logique de gestion de patrimoine : comment, le moment venu, tirer le meilleur profit de l'entreprise. Du coup, ils prennent de moins en moins de risques et ne préparent pas l'avenir.

L'ensemble de ces attitudes constitue évidemment un important frein interne au développement des PME.

Si elles veulent être reconnues et se rendre plus attractives, tant auprès des financeurs que des salariés, les PME doivent aussi faire des efforts pour changer leur mode de fonctionnement, par exemple en définissant mieux leurs stratégies, en proposant des avantages sociaux, en revigorant le dialogue social, en faisant preuve d'un management plus participatif.

Ne pas opposer PME et grandes entreprises

Nous pouvons avoir donné l'impression, tout au long des remarques qui précèdent, que l'on opposait PME et grandes entreprises. Nous voulions simplement souligner qu'elles étaient de nature différente et que ce qui convenait aux unes ne convenait pas obligatoirement aux autres.

Nous sommes bien conscients, pour le vivre quotidiennement, qu'il existe des relations étroites entre les deux types de structures, le plus fréquemment dans un rapport de sous-traitants à donneurs d'ordre, au minimum de fournisseurs à clients.

Force est de constater que ce rapport – malgré les lois récentes (les lois dites NRE, nouvelles régulations économiques) qui tentaient de le réguler – reste encore trop inégalitaire, voire malsain. Les grandes entreprises externalisent leurs contraintes (elles-mêmes issues des dispositifs légaux, par exemple en matière de responsabilité sociale et environnementale) sur leurs sous-traitants, sans toujours se préoccuper de la pression qu'elles reportent sur ces entreprises et leurs salariés et qui menace leur pérennité. Comment songer à se développer lorsqu'on peine à sortir la tête hors de l'eau ?

De ce fait, cette relation inégale se transforme en obstacle au développement. Ne serait-il pas pourtant préférable que s'instaure une relation gagnant, gagnant entre les deux parties, au travers, là aussi, de coopérations et de partenariats qui seraient pour les uns et les autres sources d'innovation et de croissance ? Les grandes entreprises n'ont-elles pas autant besoin des petites que les petites des grandes ?

Les unes et les autres devraient prendre conscience de leur complémentarité et accepter de coopérer de manière équilibrée. Ne serait-il pas possible, pour elles, de réunir leurs forces respectives (méthodologie, expertise, moyens matériels, pour les grandes entreprises ; créativité, capacité d'expérimenter, réactivité, pour les PME) dans le but d'atteindre un objectif commun et de construire des liens positifs ?

En réalité, la conception même de la PME diffère selon les systèmes économiques. En France, les PME sont d'abord vécues comme variables d'ajustements des grandes entreprises qui se défaussent sur elles des obligations qu'elles ne veulent pas gérer, même si elles en sont à l'origine, dans le cadre de négociations de branche notamment. L'autre attitude envers la PME serait de les considérer comme un vivier, un réservoir de création de richesse au sein duquel il conviendrait de trouver les pépites de demain… Deux visions différentes sur le rôle et la place des PME, mais aussi des grandes entreprises.

Sept propositions
pour faciliter le développement
des PME

**Définir une politique nationale pour les PME
leur réservant une partie des marchés publics**

Cette politique devrait d'abord favoriser le financement et la capitalisation des PME. Des mesures positives en ce sens ont été prises par la récente loi sur l'initiative économique. Manque un soutien plus important du développement des PME sur le territoire économique naturel qu'est devenue l'Europe.

Par ailleurs et surtout, l'État devrait réserver 30 % des marchés publics aux PME et faciliter leur participation aux appels d'offre par un accompagnement et une information mieux adaptés. Rappelons qu'aux États-Unis, ce chiffre est de 40 %, un taux d'ailleurs très proche du nombre d'emplois généré par les PME américaines.

Lien

Cette proposition a été reprise dans la presse :

Le gouvernement parie sur les PME

« [...] *Pour autant, cette mobilisation gouvernementale ne fait pas taire les doléances. Le CJD a ainsi publié hier un catalogue de dix propositions afin de "reconnaître l'importance des PME". [...] Le CJD suggère notamment que 30 % des marchés publics soient réservés aux PME, alors qu'aujourd'hui ces marchés sont presque tous raflés par les grandes entreprises.* »

La Tribune, le 28 janvier 2004

Cesser de pénaliser les ressources financières des PME

Dans ce domaine, deux mesures semblent urgentes :

- **Trésorerie** : modifier la loi sur les délais de paiement entre les entreprises et fixer un délai de règlement à 30 jours. Les entreprises qui régleraient leurs factures au-delà de ce délai auraient la responsabilité et l'obligation de calculer elles-mêmes les intérêts de retard, et de les payer en même temps que la facture à leur fournisseur. Afin que cette loi soit appliquée et que les fournisseurs ne craignent pas de nuire à leurs relations commerciales en réclamant des intérêts de retard, des modalités de contrôle devront être mises en place.

- **Faillites** : faire cesser le statut privilégié de l'État, en cas de redressement judiciaire et de dépôt de bilan d'une entreprise, sans que cela concerne les domaines de protection et de sécurité des salariés (Urssaf, Assedic). Cela permettrait de régler en priorité certains fournisseurs et ainsi de limiter les effets de défection « en cascade » lorsqu'une entreprise est en difficulté.

Faciliter la transmission d'entreprise par la création d'un « PRE »

L'entreprise n'est pas un élément de patrimoine comme les autres. Pourtant, aujourd'hui, l'entreprise est assimilée à n'importe quel bien constitutif d'une succession et taxée comme telle. Au moment où, pour des raisons démographiques, beaucoup d'entre elles vont être à reprendre, il faut en faciliter la transmission :

- Soit à la famille, en allégeant les frais et taxes de reprise ou de succession ;

- Soit aux salariés qui doivent bénéficier, en cas de vente, d'un droit de priorité leur permettant d'acquérir leur entreprise avant tout autre acquéreur externe. Pour qu'ils puissent financer l'acquisition et se constituer le capital nécessaire, le CJD propose la création d'un PRE (plan de reprise d'entreprise), créé à l'initiative de l'employeur, dans lequel le salarié et l'entreprise cotiseraient en franchise de charges sociales. Ce plan d'épargne pourrait également être alimenté par les sommes reversées dans le cadre de l'intéressement et de la participation

Simplifier le fonctionnement des PME par la réduction des effets de seuil

Il est nécessaire de limiter le découpage des PME, en fonction du nombre de salariés, à trois niveaux, en cohérence avec l'Union européenne : 0 à 9 pour les TPE, 10 à 249 pour les PME, plus de 250 pour les grandes entreprises. L'objectif est de réduire les effets de seuil (qui retiennent souvent d'embaucher le 50e salarié) mais aussi d'augmenter l'attractivité de petites entreprises en donnant les mêmes avantages à tous les salariés. Ainsi, par exemple, le comité d'entreprise serait obligatoire dès les entreprises de plus de dix salariés (avec un financement progressif sur plusieurs années pour les entreprises de 10 à 49, afin que le rattrapage ne soit pas trop brutal).

De même, la participation serait applicable dès le premier seuil (à partir de dix salariés), sachant qu'une réflexion supplémentaire est à mener pour simplifier sa règle de calcul.

Laisser le choix entre participation et intéressement

La participation organise légalement la redistribution des résultats, selon des règles de calcul contraignantes peu lisibles pour les salariés. Et elle bloque l'épargne, ce qui convient mal à la situation des jeunes et des bas salaires qui ont souvent des besoins immédiats.

L'intéressement, au contraire, est une redistribution volontaire des résultats, dont les modalités sont négociées dans l'entreprise en fonction d'objectifs déterminés d'un commun accord. À ce titre, il est un outil de management pour le dirigeant et a du sens pour les salariés, d'autant qu'ils ont la possibilité d'un usage direct des revenus perçus.

Le CJD propose donc de laisser le choix entre intéressement ou participation, dès lors que les montants de l'intéressement sont au moins égaux à ceux de la participation (en 2001, la moyenne des sommes distribuées sous forme d'intéressement est supérieure de 6,5 % à celle de la participation[1]). Il préconise également que l'une ou l'autre formule soit mise en place dans toutes les entreprises à partir de dix salariés.

21 Mutualiser les ressources sur un même territoire

La culture de réseau est désormais indispensable au dynamisme et à l'innovation des PME qui ne peuvent pas, individuellement, tout faire toutes seules. Les réseaux permettent de partager des connaissances, des investissements, des risques et contribuent au succès de chacun de ses membres. Il s'agit donc de mettre en commun, entre plusieurs PME d'un même territoire (sur une zone d'activité ou sur un bassin d'emploi...), les problèmes rencontrés et de développer les moyens d'y répondre ensemble.

Par exemple :

- avoir un délégué syndical territorial ;
- employer certains profils en temps partagé – DRH, financier, informaticien... ;
- utiliser des groupements d'employeurs comme réponse aux besoins de flexibilité et de temps partiels dans les PME ;
- mettre en commun des services de veille ou de recherche et développement ;
- répondre à plusieurs aux appels d'offres des marchés publics ;
- en formation, faire du sur-mesure pour des salariés effectuant un même métier dans leurs PME respectives (comptabilité, gestion, secrétariat, communication, etc.) ;
- créer un service de médiateurs territoriaux, agissant avant des conflits prud'homaux ;

---

1. Rapport annuel du Conseil supérieur de la participation pour 2002.

- mutualiser des budgets sociaux de comités d'entreprise afin de mieux négocier leurs actions...

Cette liste n'est évidemment pas exhaustive. Libre à chaque réseau de PME d'imaginer les services mutualisés dont il a besoin. Cela ne dépend pas du législateur mais de la volonté des responsables d'entreprise qui doivent apprendre à mieux travailler ensemble.

22 Dynamiser l'innovation dans les PME

Trois critères sont jugés déterminants en matière de compétitivité et de croissance d'une PME : flexibilité, réactivité et innovation. Les grandes entreprises ayant réalisé d'importants efforts en matière de flexibilité et de réactivité (usage des nouvelles technologies, réorganisation), les PME doivent développer leurs démarches de recherche et d'innovation. Ainsi devient-il indispensable pour les PME de :

- s'associer à d'autres entreprises pour renforcer leurs moyens et aboutir à des projets commerciaux plus ambitieux ;

- se faire connaître des laboratoires de recherche. Une journée nationale « portes ouvertes » des centres publics de recherche pourrait être organisée en direction des PME ;

- regrouper sur un même territoire et autour des centres de recherche l'ensemble des services qui apportent des aides au montage de dossiers de financement, notamment européens, et à la démarche de protection des innovations, jusqu'au dépôt d'un brevet.

conclusion 1

Ouvrir l'espace

« Le monde fini commence. » On connaît la phrase visionnaire du poète Paul Valéry, prononcée il y a plus d'un demi-siècle et qui pressentait ce qu'on appelle aujourd'hui la globalisation. Celle-ci, paradoxalement, nous fait découvrir les limites de notre planète, sa finitude.

Le mouvement qui s'achève est celui des grandes « découvertes » de la Renaissance. Il n'y a plus, pour l'Occident, de terres nouvelles à reconnaître et à conquérir (elles n'étaient évidemment pas nouvelles pour ceux qui y habitaient déjà). Il nous faut donc abandonner l'idée d'un expansionnisme sans fin qui alimentait notre foi en une croissance perpétuelle. La mondialisation économique, qui veut imposer au reste du monde notre modèle de développement, apparaît, sous cet angle, comme une ultime tentative de sauvegarder ce rêve. Et nous guettons tous le retour de la croissance comme une manne divine qui se répandrait sur le désert, alors que c'est cette croissance même qui assèche notre terre.

Renoncer à nos 3 % d'augmentation annuelle du PIB (nous en sommes loin depuis plusieurs années) ? Impossible ! Et pourtant, 3 % par an, cela signifie multiplier production et consommation par vingt en un siècle, comme le rappelait le généticien Albert Jacquard, dans un colloque organisé par le CJD en mars 2004. C'est cela qui est matériellement impossible, voire démentiel, si l'on admet que tous les pays devraient suivre ce rythme, si l'on constate que certains, comme la Chine, avoisinent les 10 % annuels. Nous nous condamnons à l'épuisement de nos ressources naturelles et à l'asphyxie. Nous nous condamnons nous-mêmes, en tant qu'espèce humaine.

La difficulté est là. Nous voudrions toujours plus, parce que nous y sommes habitués, parce que cela nous paraît « naturel ». Et nous sentons en même temps que cette course folle n'est plus tenable, qu'elle nous mène à notre perte. D'où notre désarroi, ce malaise dû à la double contrainte, au sens psychologique de l'expression : se retirer de la course et dépérir lentement, la continuer et périr de toute façon, mais plus tard...

Que faire, si ce n'est essayer de penser et, en ce qui nous concerne, nous chefs d'entreprise, d'entreprendre autrement pour changer progressivement de cap et de mentalité.

La disparition des frontières géographiques, le rétrécissement du monde nous demandent d'abord d'ouvrir nos frontières mentales. La compétition économique telle que nous la connaissons n'a plus de sens, même si elle a pu jouer un rôle moteur à un moment donné. La coopération ne serait-elle pas aujourd'hui plus adaptée puisque nous sommes de plus en plus interdépendants les uns des autres ? Travailler avec les autres acteurs de l'économie, tous les autres, plutôt que lutter contre. Nous aurions là le moyen d'inventer une croissance horizontale qualitative – toujours mieux faire – et de tourner

le dos à la croissance verticale quantitative – produire toujours plus.

Les portes de nos entreprises aussi doivent s'ouvrir vers les territoires où elles sont implantées parce qu'elles s'en nourrissent autant qu'elles les nourrissent. La responsabilité sociétale du dirigeant n'est pas une obligation morale. C'est une évidence et une nécessité. Développement des territoires et développement des entreprises (au sens qualitatif où nous l'entendons) sont consubstantiels. Il faut, à nouveau, essayer de faire mieux ensemble en cherchant le juste équilibre entre les attentes des uns et des autres, sans exclusive, dans la perspective du mieux-être commun.

Un degré plus haut, l'espace qui s'ouvre n'est plus guère celui du pays, même s'il continue d'exister fortement par ses règlements et son administration. Cherchons, comme nous le disons dans le rapport consacré à ce sujet, à substituer la confiance à la défiance pour simplifier les relations. Mais, en réalité, nous savons bien que c'est déjà au niveau de l'Europe que se décide, pour nous, l'essentiel. Pour éviter des concurrences meurtrières et stériles, nous devons accélérer l'harmonisation de nos pratiques et de nos lois. Comment réformer, par exemple, notre système de protection sociale sans tenir compte de ce que font nos partenaires de l'UE ? La question va même plus loin : pourquoi entreprendre, tout seul, dans notre coin, une réforme qui risque d'être rapidement inapplicable parce qu'incompatible avec la politique sociale menée par les autres pays ? Et quelle incohérence, au moment où chaque européen peut librement travailler dans le pays de son choix, de le soumettre potentiellement à 25 systèmes sociaux différents.

L'incohérence est tout aussi grande en matière fiscale puisqu'il existe encore au sein de l'UE des quasi-paradis fiscaux et, en tous cas, de grandes disparités dans les formes et les taux d'imposition qui font toujours le jeu des égoïsmes concurrentiels. L'harmonisation fiscale serait-elle plus difficile à réaliser que la monnaie unique ?

L'Europe doit parler d'une même voix et agir sous une même loi parce qu'elle est la seule puissance à pouvoir s'opposer aux principes de dérégulation sauvage et de compétition biaisée qui animent actuellement la globalisation économique. Elle a encore en mains les atouts « régulateurs », piochés dans sa tradition social-démocrate, qui peuvent lui permettre de jouer un autre jeu.

Encore faut-il que toutes ses composantes acceptent de s'asseoir à la même table et avec les mêmes cartes. Certains imaginent l'Europe comme une immense zone de libre échange. Nous avons, nous, jeunes dirigeants, une autre ambition pour elle. Nous souhaitons qu'après avoir été le modèle du *welfare*, elle devienne le modèle d'un développement humain harmonieux et durable où l'économie serait tenue à sa juste place. Est-ce trop lui demander ? Est-ce trop nous demander, à nous, vieille civilisation ?

Car il y a un autre espace vers lequel nous devons nous ouvrir, le monde récemment oublié des pays du Sud, des pays les plus pauvres. Exploités jadis par les soins de nos propres démocraties, exsangues, pour la plupart, ce sont les laissés-pour-compte de la mondialisation. Le simple remord d'en avoir tant tiré profit ne nous pousse même plus à leur apporter notre aide. Mais il est vrai que leurs dictateurs l'ont tant gaspillée que nous ne nous croyons plus redevables de rien. Ne parlons donc plus d'aide mais de solidarité et de coopération.

Solidarité parce que, dans ces pays, vivent des hommes et des femmes qui n'ont pas mérité leur sort et qui aspirent, comme nous, à vivre mieux. Au nom de quoi leur refuse-t-on le droit à l'éducation, à la santé, à la justice, à la nourriture, à l'eau, à un toit décent ? Un rattrapage est nécessaire. Mais, dans une optique de développement durable, celui-ci n'est possible que par un effet de vases communicants. Faire accéder 4 milliards d'êtres humains à notre mode de confort – *a fortiori* à celui d'un américain moyen –, ce serait détruire encore plus rapidement la planète. L'élévation de leur niveau de vie n'est envisageable que si nous acceptons d'abaisser le nôtre, au moins en termes de consommation, et donc de revenus. Mais nous pourrons y gagner en qualité de vie, si nous savons nous recentrer sur l'essentiel.

La coopération est le moyen d'enclencher ce processus de solidarité. Il nous appartient d'instaurer avec les pays du Sud des relations économiques qui ne soient plus fondées sur leur dépendance à notre égard, sur le pillage de leurs matières premières ou sur l'utilisation à vil prix de leur main-d'œuvre. Ils ont besoin, pour sortir du marasme, que se crée un tissu économique de petites entreprises qui irradie leur territoire et apporte un peu de richesse au plus grand nombre. Pourquoi ne mettrions-nous pas, nous, chefs d'entreprise, notre savoir-faire au service de cette cause : les aider à créer ces activités économiques de base sans lesquelles aucun développement réel et pérenne ne peut démarrer ? Nous y trouverions, par la même occasion, de nouveaux besoins à satisfaire.

Ouvrir nos esprits, ouvrir nos portes, ouvrir l'espace, nous ouvrir aux autres : d'aucuns souriront de cette « générosité » un peu décalée par rapport au cynisme contemporain. Mais n'est-ce pas, désormais, l'attitude la plus raisonnable ? Pouvons-nous continuer de nous replier derrière nos murs de riches sans regarder ce qui se passe dehors ? Le monde extérieur se rappelle à nous de plus en plus violemment, des désœuvrés des banlieues aux extrémistes de tous bords. Les inégalités se creusent aussi vite que les communications nous rapprochent. Ils sont si près de nous, ceux qui nous paraissent tellement ailleurs, par

leur différence, par leur misère. Nous partageons le même monde et le même destin. Pourquoi ne pas essayer de se comprendre et de mieux organiser le partage ?

2

L'entreprise
et l'homme,
un avenir commun

chapitre 5

Dialogue social, construire ensemble

Introduction
Sortir des rapports de force

Le gouvernement, par la voix du ministre des Affaires sociales, a ouvert le chantier du dialogue social, auquel le CJD tient à apporter sa contribution, comme il le fait régulièrement pour les sujets qui concernent directement son action. Dans cette période riche en décisions sociales et économiques qui vont avoir un fort impact sur le fonctionnement de nos entreprises, notre mouvement doit se positionner comme un acteur éclairé du débat et comme une force de proposition.

Pour autant, cette opportunité de prendre la parole ne constitue en rien de notre part un opportunisme. L'idée de dialogue social est au principe même de la fondation de notre mouvement. Les « jeunes patrons » d'alors souhaitaient en effet sortir des éternels conflits entre syndicats et patronat, et instaurer des rapports sociaux plus sereins et constructifs au sein de leur entreprise. Depuis plus de 65 ans, notre réflexion et notre engagement dans ce domaine sont constants puisque nous avons pu peser sur la création des comités d'entreprise en 1945, comme sur la présence de délégués syndicaux au sein des entreprises (loi de 1968). Plus récemment, nous avons proposé en 1988, la création de conseils d'entreprise dans les PME, instances uniques regroupant toutes les formes de représentation du personnel et ayant capacité de négocier. Nous avons été en partie entendus par la loi Giraud de 1995 qui a ouvert la possibilité d'une délégation unique du personnel (DUP), même si celle-ci n'a malheureusement pas le pouvoir de signer des accords d'entreprise. Enfin, en mai 2000, nous en avons appelé à des états généraux de la refondation sociale, conscient que notre actuel système de relations sociales et notre droit du travail n'étaient plus adaptés aux mutations économiques et sociales que nous venons de vivre ces dernières décennies et qui, de plus en plus rapides et brutales, obligent l'entreprise à s'adapter en permanence.

Dans ce contexte d'incertitudes, le dialogue social ne peut se résumer à la défense d'intérêts corporatistes et à l'obtention de « bons accords », d'autant que ces seuls objectifs ne suffisent plus à entraîner des adhésions ni à motiver les adhérents.

Les syndicats doivent innover dans leurs méthodes et apporter une réelle valeur ajoutée aux services qu'ils offrent et aux actions qu'ils mènent. Il leur faut également trouver avec le patronat les conditions d'une implantation réelle et efficace dans toutes les entreprises, non pour aiguiser les conflits mais au contraire pour que salariés et dirigeants résolvent ensemble les problèmes qui se posent à eux.

Notre conviction depuis le début, même traduite sous différentes formes, reste la même : un dialogue social sincère et constructif entre l'ensemble des parties est une des clefs essentielles de la performance globale de l'entreprise.

Cette idée progresse dans les têtes, dans les mœurs et finalement dans le droit. Trop lentement, nous semble-t-il, mais l'évolution des mentalités demande de la patience.

Un grand pas, déjà, serait fait si les décisions qui vont être prises pour « renforcer les moyens du dialogue social et généraliser la possibilité de négocier », selon les mots du ministre, permettent d'aller jusqu'au bout de la logique du conseil d'entreprise et de favoriser les accords d'entreprise.

C'est le souci premier des dirigeants de PME. Ils l'ont exprimé à travers un sondage que nous venons de réaliser auprès d'eux et dont on trouvera les résultats plus loin. Ils pensent que l'entreprise est aujourd'hui le niveau le plus pertinent pour instaurer un dialogue social efficace et équilibré entre les parties prenantes que sont la collectivité de travail, d'un côté, et les dirigeants et actionnaires, de l'autre.

L'enjeu est d'instaurer une véritable culture de la négociation au sein de nos entreprises, en lieu et place des théories de l'affrontement et du conflit dont ont du mal à se départir les institutions dites représentatives.[1]

Un dialogue de sourds

En France, le dialogue social n'existe pas. Il reste, malgré les discours, une vue de l'esprit. Les relations sociales continuent d'être essentiellement régies par des grèves, des conflits, des confrontations, des négociations au couteau, en un mot par le rapport de force et la

---

1. Ce rapport a été publié en avril 2003.

méfiance entre les acteurs. Mais de véritable dialogue, point.

Car, en quoi consiste le dialogue ? En une écoute mutuelle, en des échanges d'idées qui doivent permettre à ceux qui parlent ensemble de rapprocher leurs points de vue, de se construire un langage commun et, finalement, de prendre des décisions conformes aux intérêts catégoriels réciproques des différentes parties. C'est, par exemple, ce qui se passe en Allemagne où le conflit n'intervient que lorsque toutes les options pouvant préserver la paix sociale sont épuisées.

Or, peut-on parler d'amélioration du dialogue social quand on voit se développer dangereusement, dans notre pays, le concept de « grève préventive », comme cela s'est produit à propos de la négociation sur les retraites ou comme c'est régulièrement le cas dès qu'un ministre de l'Éducation nationale envisage la moindre réformette de son institution ? Tous dans la rue avant même de vraiment savoir pourquoi on y est descendu.

Les raisons de cette incapacité à dialoguer sont nombreuses et bien connues. Le CJD les a souvent mentionnées[1], non pour les dénoncer gratuitement mais pour rappeler la nécessité de refonder nos relations sociales sur des bases mieux adaptées à la réalité de notre époque.

Ces raisons sont d'abord d'ordre historique et culturel : la prédominance de l'État, son centralisme décisionnel, sa certitude d'être le garant de l'intérêt général ont conduit nos concitoyens et leurs représentants traditionnels à s'en référer constamment à ses arbitrages, dès que surgit le moindre problème, sans même chercher à discuter au préalable. Cela n'a fait que renforcer la culture de conflit issue d'un syndicalisme politique fondé sur la lutte des classes :

---

1. Voir en particulier, pour plus de développement, le rapport : « Dialogue social, l'entreprise de tous », mai 2000.

sachant que l'État va trancher, chacun campe sur ses positions les plus extrémistes pour obtenir le maximum.

Dans un tel cadre, le paritarisme n'a peu ou prou fonctionné que le temps des années de forte croissance qui donnaient du grain à moudre et permettaient de redistribuer les profits sous forme d'augmentation de salaire ou d'une meilleure couverture sociale. Mais dès que les greniers ont commencé à se vider, le paritarisme est devenu un jeu d'acteurs où l'État a repris le premier rôle et où les syndicats patronaux et salariés ont surtout cherché à conserver leurs prérogatives et leurs prébendes.

L'une de ces prérogatives – la capacité de chacune des grandes centrales à signer seule, fût-elle minoritaire, des accords sociaux pour l'ensemble des salariés – a conduit les syndicats à la perte de légitimité (et d'adhérents) qui les fragilisent aujourd'hui (rappelons que le taux de syndicalisation – 9 % – est de loin le plus bas des pays développés). Cette crise de la représentativité vient encore renforcer l'impossibilité d'un dialogue constructif : au nom de qui parle telle ou telle fédération ? Des 3 ou 5 % des salariés qui paient leur cotisation ? L'accord minoritaire signé l'an dernier par FO pour les routiers a été semble-t-il un déclic pour les syndicats qui souhaitent désormais que ne puissent être conclus que des accords majoritaires.

Mais, aujourd'hui, la représentativité n'est pas seulement une question de quantité c'est aussi une question de proximité : d'où parlent ceux qui revendiquent en mon nom, se demande de plus en plus souvent le salarié qui ne se reconnaît pas toujours dans les décisions qui sont prises pour lui. Le mouvement de la société, l'évolution des mentalités vont dans le sens d'une « décentralisation » des négociations, au plus près de la réalité de chacun. Et il est vrai qu'il est plus aisé de nouer un dialogue constructif à ce niveau concret que lorsqu'on se bat sur des idées générales et théoriques.

Enfin, le dialogue social se heurte aussi à une spécificité juridique française : la séparation entre les instances de concertation (le comité d'entreprise) et les instances de négociation (le délégué syndical). Autrement dit, ceux qui ont le droit de discuter n'ont pas le droit de signer des accords, les uns papotent dans le salon tandis que les autres s'arrangent à la cuisine. C'est une conception assez particulière du dialogue !

Quatre principes pour refonder le dialogue social

Dans ce contexte, les PME et leurs salariés sont, comme toujours, les plus mal lotis, le fonctionnement général de nos institutions économiques et sociales ayant été essentiellement pensé pour les grandes entreprises industrielles et de service. Non seulement les entreprises de moins de 50 personnes n'ont pas l'obligation d'avoir un comité d'entreprise mais les syndicats y sont très peu présents et peu actifs. Ce sont donc finalement plus de 40 % des salariés qui ne sont pas réellement représentés par des structures officielles.

Le CJD a toujours déploré cette situation et cherché à y remédier par des propositions concrètes, comme la mise en place du conseil d'entreprise (voir plus loin). Car nous pensons – c'est une conviction profonde et permanente de notre mouvement – que le dialogue social est une des clefs de la performance globale des entreprises.

Il s'agit, à travers ce dialogue social, de prendre en compte les intérêts de chaque partie prenante parce qu'aucune ne peut durablement espérer gagner contre les autres. Pour rester efficace, pour progresser, l'entreprise, quelle que soit sa taille, a besoin d'instances de négociation et de contre-pouvoirs. Et ceci est encore plus nécessaire dans le

contexte économique actuel et pour faire face aux mutations sociales auxquelles nous assistons.

Comment demander aux hommes et aux femmes avec lesquels nous travaillons d'être responsables et autonomes dans leur fonction, de développer des qualités relationnelles, de faire preuve de créativité et, en même temps, oublier de leur demander leur avis sur la manière de conduire l'entreprise, négliger de négocier avec eux le bon fonctionnement des relations sociales ?

Pour que ce dialogue social existe aujourd'hui et prenne enfin corps, en particulier dans les PME, il faut revoir les principes mêmes de son organisation, l'ancien système, comme on l'a souligné plus haut, ayant plus qu'atteint ses limites. Cette refondation, pour être efficace, doit reposer sur quatre piliers : la simplification, la proximité, la représentativité et l'harmonisation européenne.

La simplification

L'arsenal des lois, la complexité des processus de négociation et de décision, les difficultés d'application des réglementations – du fait de leur inadaptation à la réalité du terrain – sont autant d'obstacles à un dialogue social serein et ouvert. En matière de droit du travail, comme dans tous les autres domaines juridiques[1], il nous semble préférable d'évoluer vers une société du contrat, c'est-à-dire des lois cadres qui laissent une plus grande place à la négociation contractuelle pour leur application concrète. Ce qui signifie que nous souhaitons une évolution du cadre juridique, notamment dans le domaine de la représentativité et du pouvoir de négociation.

---

1. Voir le chapitre 3.

La proximité

Le bon niveau pour donner de la consistance à l'intérêt général pratique, grâce au dialogue social, semble être aujourd'hui celui de l'entreprise. Celle-ci constitue une unité économique et sociale suffisamment circonscrite pour que chacun puisse percevoir les différents conflits d'intérêts et les différents points de vue qui la traverse. C'est ici que peut se construire une véritable coopération, fondée sur la conscience que la poursuite des intérêts de l'entreprise et la satisfaction des intérêts individuels sont liés. C'est ici que la négociation, menée de bonne foi, a le plus de chance de déboucher sur des applications concrètes et palpables entraînant une dynamique de contribution. Dans le même ordre d'idée, il faut aussi penser la négociation collective dans un cadre territorial – par exemple au niveau de PME d'un même bassin d'emploi –, souvent plus pertinent que le cadre national.

La représentativité

Elle est liée à la proximité. Pourquoi, au niveau des entreprises, les salariés s'impliqueraient-ils dans l'élection de représentants qui n'ont, en réalité, qu'un pouvoir de négociation très faible, voire inexistant, l'essentiel étant décidé ailleurs ? Le principe de représentativité requiert donc une instance unique, élue par les salariés au sein de l'entreprise, avec un délégué syndical désigné parmi les élus et la signature d'accords majoritaires. Il pose aussi le problème de la capacité des syndicats patronaux qui sont à la tête des branches professionnelles de représenter les métiers et de signer des accords.

L'harmonisation européenne

Le CJD a toujours soutenu la nécessité de développer un droit social européen. Il constate que le droit communautaire est porteur d'une vision de la concertation permettant de déboucher sur un accord (ce qui, on l'a vu, ne correspond pas au droit français). Et que la plupart de nos partenaires privilégient la négociation contractuelle. Il ne peut que souhaiter que le droit français évolue dans ce sens et que le droit social européen naisse plus de la politique contractuelle que de décisions de la Commission.

Les leçons d'un sondage

Les principes qui viennent d'être énoncés sont également fortement étayés par un sondage que nous avons réalisé auprès de nos adhérents[1] et dont voici les résultats commentés.

Questions

Question 1. Si votre entreprise compte moins de 200 salariés, avez-vous mis en place une délégation unique du personnel (DUP) ?	Oui : 32 % Non : 68 %
Question 2. Si votre entreprise a plus de 200 salariés, souhaiteriez-vous pouvoir mettre en place un DUP ?	Oui : 74 % Non : 26 %
Question 3. Si votre entreprise a moins de 50 salariés, menez-vous des actions sociales qui relèvent des attributions du comité d'entreprise ?	Oui : 69 % Non : 31 %
Question 4. Quelle que soit la taille de votre entreprise, seriez-vous favorable à l'abaissement du seuil légal du comité d'entreprise à dix salariés ?	Oui : 46 % Non : 54 %

Cette première série de questions, qui porte sur les modalités de représentation du personnel, fait apparaître des éléments contradictoires. Ceux qui peuvent mettre en place une DUP ne sont qu'un tiers à l'avoir fait et ceux qui ne le peuvent pas sont

---

1. Sondage par questionnaire écrit effectué en février-mars 2003 auprès de membres du CJD : 185 réponses recouvrant 19 % d'entreprises de 0 à 9 salariés, 12 % de 10 à 19, 26 % de 20 à 49, 30 % de 50 à 199, 6 % de 200 à 500 ; 5 % de 500 et plus.

près des trois quarts à la souhaiter (la loi de 1995 sur la DUP s'applique aux entreprises de 50 à 200 salariés). Parallèlement, près de la moitié des chefs d'entreprise interrogés souhaitent pouvoir créer un CE à partir de dix salariés et plus des deux tiers des responsables des entreprises de moins de 50 salariés mènent des actions de type CE.

Le croisement de ces résultats semble montrer que les dirigeants de PME n'ont pas trouvé, dans la DUP, une réponse complète à leurs attentes. En réalité, ils sont à la recherche d'une instance de représentation simple, unique et qui recouvre l'ensemble des actions de concertation et de négociation, y compris celles qui relèvent du CHSCT et des délégués syndicaux.

Question 5. Souhaitez-vous pouvoir contractualiser davantage dans votre entreprise et être ainsi moins conditionné par des accords de branches et nationaux ?	Oui : 88 % Non : 12 %

Le score ne laisse pas de doute sur la volonté des dirigeants de PME d'avoir une relation plus contractuelle avec les salariés qui permettrait à la collectivité de travail de mieux prendre en compte la réalité du terrain.

Question 6. Êtes-vous favorable à ce que les accords soient soumis à la règle de la majorité représentative ?	Oui : 87 % Non : 13 %
Question 7. Êtes-vous favorable à ce que les accords de branche ou d'entreprise soient à durée limitée pour être régulièrement adaptés au contexte économique et social ?	Oui : 94 % Non : 6 %

La quasi-unanimité des dirigeants rencontre, sur la première question, l'assentiment des syndicats qui ont bien compris qu'assurer le développement de la négociation collective demande des règles du jeu plus rigoureuses, et notamment la règle de la majorité qui est la seule valable en démocratie.

Mais sans doute les syndicats ne les suivront pas aussi radicalement sur la question des accords à durée déterminée... Rappelons pourtant qu'au Canada, le Parlement, de manière très officielle, consacre près de 50 % de son temps à la révision régulière des lois.

Ainsi, le sens que le CJD donne au dialogue social est indissociable de sa vision de l'entreprise : une réalité qui dépasse la seule collectivité des actionnaires, pour intégrer la communauté de travail. Le dialogue social, c'est le moyen de concilier les intérêts catégoriels de la collectivité du personnel et ceux des détenteurs du capital. Il est donc l'instrument privilégié de l'intérêt général de l'entreprise.

Cinq propositions
pour revitaliser le dialogue
social

23 Instaurer le conseil d'entreprise pour toutes les PME de 10 à 250 personnes[1], et former ses membres à la négociation

Dans un souci de simplification et d'efficacité du dialogue social, le CJD propose de mettre en place dans les PME de plus de dix salariés, et jusqu'à 249, une instance unique qui fusionne délégués du personnel, comité d'entreprise et délégués syndicaux, et puisse signer des accords d'entreprise. Cela permettrait ainsi de revitaliser la fonction de délégué syndical en lui accordant une double légitimité : celle de l'élection et celle de la désignation par l'organisation syndicale représentative.

Le principe du conseil d'entreprise est de disposer, en face du chef d'entreprise, d'une instance unique, représentative des salariés, compétente sur toutes les matières qui les concernent et reconnue comme partenaire avec qui il est possible de négocier et de se mettre d'accord.

Représentatif, le conseil d'entreprise l'est par sa composition. Il ne comprend que des membres titulaires élus à la majorité, le délégué syndical étant lui-même choisi parmi les membres du conseil. La représentativité du conseil d'entreprise et sa compétence l'autorisent à négocier des accords avec la direction, à la majorité de ses membres. En cas d'absence de délégué syndical,

---

1. Le chiffre de 250 personnes correspond à la norme européenne de classification des PME.

l'accord serait soumis à la validation d'une commission paritaire de branche.

De ce fait, en obtenant, en plus du pouvoir de concertation, celui de négociation, le conseil d'entreprise renforcerait sa consistance juridique pour représenter la collectivité du personnel qui a des intérêts propres à faire valoir. Il deviendrait en quelque sorte le conseil d'administration des salariés, face au conseil d'administration des actionnaires.

La compétence et le pouvoir de négociation du conseil d'entreprise viennent également de la formation dont doivent profiter ses membres. Chacun bénéficierait d'une formation prise en charge par l'entreprise et payée comme du temps de travail. Ce serait l'occasion pour les syndicats de se réorganiser pour mieux accompagner les délégués syndicaux dans les PME.

Les chefs d'entreprise eux-mêmes devraient suivre des formations équivalentes dans le domaine du droit et de la négociation, comme celle que propose le CJD dans le cadre de son école de professionnalisation du métier de dirigeant.

Ainsi, chacun comprenant mieux les préoccupations et les contraintes des autres, le traditionnel rapport de force pourrait se muer en véritable dialogue.

Lien

Cette proposition est en lien avec la proposition n° 24 du rapport de la commission de Virville, publié en janvier 2004 :

> *« La commission considère que la création, dans les entreprises de moins de 250 salariés, d'un conseil d'entreprise, exerçant les attributions des délégués du personnel, du comité d'entreprise et des délégués syndicaux, permettrait de développer la représentation des salariés et la négociation collective, dans des structures qui sont encore trop souvent dépourvues d'institutions représentatives. »*

24 Favoriser les accords d'entreprise pour des relations sociales plus contractuelles et avec un champ de compétences élargi

Il faut aller vers un droit du travail plus contractuel. Est-il encore possible, aujourd'hui, de considérer systématiquement le salarié comme irresponsable de ses actes contractuels, au prétexte du lien de subordination qui le lie à son employeur ? Le principe de faveur doit s'inverser dans le sens de la subsidiarité : la loi et la réglementation doivent limiter leur ambition à poser les principes et ne prévaloir qu'en dernier recours, si les négociations entre les parties contractantes n'aboutissent pas.

Le conseil d'entreprise est l'instrument indispensable, au niveau des PME, de cette évolution vers une plus grande contractualisation des rapports économiques et sociaux, en tant que représentant majoritaire de la collectivité des salariés, pour éviter notamment la signature d'accords qui ne seraient pas de bonne foi entre les parties et garantir l'équilibre contractuel.

Les accords d'entreprise doivent primer sur les conventions de branches. Celles-ci constituent un niveau de négociation intermédiaire qui s'articule de plus en plus difficilement avec les deux autres (lois nationales et accords d'entreprise) tandis que beaucoup de conventions collectives ne correspondent plus aux réalités vécues par les entreprises et les salariés, ni au champ des métiers qu'elles sont censées couvrir.

Dès lors, les accords d'entreprise devraient être incorporés au contrat de travail pour en faire un véritable outil de management de proximité (aujourd'hui, un salarié peut refuser un accord d'entreprise en invoquant un élément de son contrat de travail qui lui semblerait plus favorable que l'accord). Notons que dans plusieurs États de l'Union européenne, cette incorporation est la règle.

Par ailleurs, le conseil d'entreprise doit-il disposer d'un pouvoir de négociation seulement sur ce qui est actuellement de la compétence de l'accord collectif, c'est-à-dire les conditions de travail, de rémunération, d'emploi et les garanties sociales ? Ou bien peut-on aussi étendre l'objet de la négociation aux objectifs économiques et à la répartition du profit (ce qui est déjà le cas pour les accords de participation où le CE a un droit d'intervention) ? Le CJD y est favorable, dans la mesure où il s'est prononcé depuis longtemps sur le principe de doter l'entreprise elle-même d'une personnalité morale distincte de la société de capitaux. L'entreprise appartient aussi à ses salariés et il serait logique que le conseil d'entreprise, qui les représente, participe à toutes les décisions qui engage son avenir.

Lien

Cette proposition est en lien avec le projet de loi Fillon sur le dialogue social (adopté en Conseil des ministres le 19 novembre 2003), article 37 : hormis en certaines matières, « *la convention ou l'accord d'entreprise ou d'établissement peut comporter des dispositions dérogeant à celles qui sont applicables en vertu d'une convention ou d'un accord couvrant un champ territorial ou professionnel plus large, sauf si cette convention ou cet accord en dispose autrement* ».

25 Renforcer la légitimité des acteurs de la négociation par des accords majoritaires et à durée déterminée

Les accords interprofessionnels nationaux ou les accords de branche ne pourront être signés que par une ou plusieurs organisations syndicales représentant ensemble au moins 50 % des votants lors des dernières élections prud'homales.

Les accords d'entreprise seront signés par une ou plusieurs organisations syndicales ayant obtenu au moins 50 % des votants lors des dernières élections du CE ou des délégués du personnel. Dans les PME ayant constitué un conseil d'entreprise, c'est celui-ci qui est habilité à signer puisqu'il est, de par son mode d'élection, majoritaire.

De plus, tous les accords devront être à durée déterminée en définissant eux-mêmes dans quelles conditions et au bout de combien de temps ils seront réévalués et révisés. Il est en effet handicapant pour les entreprises comme pour les salariés que les accords semblent figés dans le marbre alors que le contexte économique et social se modifie en permanence.

Lien

Cette proposition est en lien avec :

- Le projet de loi Fillon sur le dialogue social (adopté en Conseil des ministres le 19 novembre 2003), article 34 : « *La validité d'un accord interprofessionnel est subordonné à l'absence d'opposition de la majorité des organisations syndicales de salariés représentatives dans le champ de l'application de l'accord. [...] La validité des conventions [de branche] ou accords [collectifs] [...] est subordonnée à leur signature par une ou des organisations syndicales représentant une majorité de salariés de la branche.* »

- La proposition n° 45 du rapport de la commission de Virville publié en janvier 2004 : « *La commission estime qu'il faudra mettre en place un instrument permettant de mesurer l'audience des organisations syndicales. Cette réforme devrait être élaborée en étroite concertation avec les organisations syndicales. Elle pourrait déboucher sur l'organisation, tous les cinq ans, d'une consultation des salariés dans les branches et les entreprises. Cette consultation servirait par ailleurs à désigner les juges prud'homaux.* »

26 Réorganiser les branches professionnelles en fonction des métiers

La branche est un niveau qui doit permettre de favoriser le conventionnel entre le légal et chaque entreprise, à condition :

- qu'elle soit cohérente en termes de qualification, de formation, d'organisation du travail ;

- qu'elle régule la concurrence entre les métiers représentés (notamment sur la question du coût du travail).

Ce n'est pas le cas aujourd'hui puisque de grandes fédérations regroupent des entreprises de tailles et de métiers différents et que, de ce fait, coexistent un trop grand nombre de conventions, souvent non appliquées ou obsolètes, qui cumulent des dispositions particulières.

Il est nécessaire de redéfinir le nombre de branches professionnelles pour qu'il corresponde non pas à la pérennité des fédérations existantes mais à une véritable logique des professions.

Il faut en effet que ce soit la problématique des métiers et de leur évolution qui fonde ce découpage et non l'affiliation à un secteur d'activité imposée par les statuts d'un syndicat national.

À terme, il conviendra de s'interroger sur l'utilité même de ce niveau de négociation qui semble plus relever de l'ère industrielle que de la société de l'immatériel.

Lien

Cette proposition est en lien avec la proposition n° 50 du rapport de la commission de Virville publié en janvier 2004 : « *Le ministre pourrait appeler les partenaires sociaux à favoriser le regroupement des branches pour aboutir au total à moins d'une centaine de branches. Cette évolution ne pourrait que favoriser l'effectivité des textes conventionnels.* »

27 Construire un dialogue social européen fondé sur la contractualisation

Le traité de Rome, modifié par celui de Maastricht, prévoit deux sortes de stratégies pour concevoir des accords européens : la première, à l'initiative de la Commission, qui sollicite les acteurs sociaux et leur laisse un délai pour conclure ; la seconde, à l'initiative des acteurs sociaux eux-mêmes.

Sans nier l'intérêt du recours à la première, le CJD souhaite privilégier la seconde pour favoriser l'émergence d'un droit plus contractuel et moins réglementaire, plus à même de concilier économique et social.

Dans cette seconde voie, deux orientations sont possibles : ou bien l'accord conclu est annexé à une directive pour ensuite suivre les voies habituelles de transposition en droit interne ; ou bien les signataires de l'accord fixent eux-mêmes les conditions de cette transposition. Cette seconde orientation est également à privilégier car, une nouvelle fois, elle va préserver la nature contractuelle de la construction.

Les accords européens doivent tous contenir les moyens concrets de leur transposition dans les droits internes. Il faut rendre obligatoire l'engagement des négociations dans un certain délai (sous peine de sanctions ou d'actions en référé avec recours au juge ou à une commission créée à cet effet) et rendre obligatoire la conclusion de l'accord national (puisque son objet n'est que de transposer un texte qui fait déjà la loi des parties).

chapitre 6

Formation, investir dans l'intelligence

Introduction
L'innovation et la formation,
clés du développement économique et social

Désormais, les deux clés du développement de nos sociétés modernes sont l'innovation et la formation.

L'innovation est vitale parce que la farouche concurrence mondiale, d'un côté, et les exigences de qualité des consommateurs, de l'autre, poussent à proposer des produits et des services renouvelés, à créer la différence pour attirer la préférence. Les grands groupes l'ont bien compris. Alors qu'il y a quelques années, ils assuraient les deux tiers de leur croissance sur les fusions et acquisitions, ils estiment aujourd'hui que c'est dans la même proportion qu'ils la devront à l'innovation.

Les PME, de leur côté, misaient sur trois critères de compétitivité : la flexibilité, la réactivité et l'innovation. Elles ont été rejointes par les grands groupes sur les deux premiers critères, la flexibilité qu'ils ont négociée lors du passage aux 35 heures, la réactivité qu'ils ont acquise par une réorganisation en petites unités et par l'usage des nouvelles technologies. Reste aux PME à garder une longueur d'avance en matière d'innovation, si elles ne veulent pas disparaître de la scène économique ou se retrouver en situation de sous-traitantes à la merci de leurs donneurs d'ordre.

Mais comment innover, si l'on n'a pas l'esprit constamment ouvert, si l'on ne sait pas se tenir en veille permanente, si l'on ignore les évolutions en cours dans les métiers, si l'on reste éloigné des connaissances et des compétences nouvelles ?

Les entreprises ne pourront y parvenir que grâce à la formation tout au long de la vie, formule à laquelle nous préférons celle de formation permanente, plus large et plus complète.

Le problème spécifiquement français, en ce domaine – les comparaisons européennes le montrent –, c'est que nous avons un système de formation initiale encore relativement efficace mais que l'engagement des entreprises et des salariés dans la formation professionnelle continue est toujours très insuffisant.

Comment, donc, entrer dans le cercle vertueux formation ⇒ innovation ⇒ développement, qui nous fera retrouver notre dynamisme économique et social ?

Assurément pas en restant dans la logique de formation parcimonieuse et un peu scolaire qui est aujourd'hui la nôtre. Quand on y pense, n'investir que 1,5 % de la masse salariale dans ce qui est devenu le capital essentiel de l'entreprise, le capital humain, est-ce raisonnable ? Ne devrait-on pas parler de sous-investissement flagrant ? Et la Bourse ne devrait-elle pas s'inquiéter d'une aussi grande inconséquence de la part des entreprises ? Heureusement, beaucoup d'entre elles ont déjà dépassé ce chiffre. Mais de nombreuses PME ne l'ont pas atteint. Il faut les y encourager en leur rendant la formation plus accessible.

Nous devons pourtant aller plus loin. Trop de salariés, depuis 30 ans, gonflent les rangs des chômeurs, moins parce que le travail manque que parce que, faute d'une formation suivie, ils n'ont pas de qualification appropriée. Et les difficultés ne feront que s'amplifier.

Ne pas investir massivement, en temps, en énergie, en organisation aussi bien qu'en argent, pour continuer d'élever le niveau global de formation de nos sociétés, serait, à notre sens, suicidaire. C'est pourquoi, au CJD, nous pensons qu'il faut changer de logique et faire de la formation pour tous un enjeu national de développement.

Nous soulignons, dans ce document de réflexions et de propositions, qu'au cours du XXe siècle, le travail s'est radicalement transformé. Les métiers, quels qu'ils soient, ne requièrent plus la force des bras mais l'agilité du cerveau. Ne marchons-nous pas déjà, au début de ce XXIe siècle, vers un autre horizon, celui du relationnel ? Dans beaucoup de métiers, déjà, la tête bien faite mais qui tourne sur elle-même, ne suffit plus. Les clients veulent ainsi avoir des interlocuteurs qui comprennent leur problème et y apportent des réponses adaptées mais ils préfèrent ceux qui, en plus, accompagneront leur savoir-faire d'un sourire, d'une certaine empathie, d'un savoir être. De même, à l'intérieur des entreprises, le manager n'est plus celui qui donne des ordres mais celui qui sait animer une équipe.

La formation permanente doit tenir compte de cette dimension relationnelle qui sera demain le dénominateur commun de la plupart des métiers. C'est le sens que nous donnons à l'idée de formation sous toutes ses formes, qui ne doit pas seulement apporter des connaissances ou des techniques mais aussi favoriser le développement de l'intelligence relationnelle de chacun dans toutes les situations de l'existence. C'est à ce prix qu'on redonnera aussi du sens à la vie professionnelle.[1]

Donner un nouvel élan à la formation professionnelle continue

La formation professionnelle continue (FPC) n'est pas née avec la loi Delors de 1971. Le CJD peut en témoigner. Quand il s'appelait encore CJP (Centre des jeunes patrons), il évoquait déjà dans sa revue d'alors, *Jeune Patron*, la nécessité de développer la formation des personnes au sein de l'entreprise. De 1947 à 1971[2], on peut lire dans cette publication et celle qui lui succédera (*Dirigeant)* une vingtaine d'articles et de dossiers consacrés à ce thème et s'interrogeant aussi bien sur la valorisation des acquis par le diplôme (en 1949 !) que sur la formation professionnelle comme gage de la sécurité de l'emploi et de la mobilité interprofessionnelle et géographique (1954) ou comme pédagogie de la promotion (1960).

Si certains chefs d'entreprise étaient donc déjà conscients de l'importance de la formation continue, la loi de 1971 a eu le mérite d'officialiser cette importance et de lui donner un statut. Elle fait le pendant, près d'un siècle plus tard, aux mesures prises par Jules Ferry concernant la formation initiale et instituant l'école laïque, gratuite et obligatoire. Mais il y a une nuance de taille : l'obligation, pour les entreprises, n'est que financière. Elles doivent consacrer 1,5 % (depuis 1992) de la

---

1. Ce rapport a été publié en mars 2003, sous le titre « Passer de la formation professionnelle à la formation permanente », comme une contribution à la renégociation de la loi sur la formation professionnelle.
2. De 1971 à aujourd'hui, le magazine *Dirigeant* a traité du sujet plus d'une quarantaine de fois.

masse salariale (pour celles de plus de dix personnes) à la formation de leur employés ou s'acquitter d'une contribution équivalente à des organismes collecteurs.

Cette approche par l'argent est certainement apparue, à l'époque, comme le moyen le plus efficace pour pousser les entreprises à jouer le jeu. Mais elle a induit d'emblée, nous semble-t-il, deux effets pervers : d'une part, elle a été perçue, par beaucoup d'entreprises, et en particulier les PME, comme un impôt, dont il fallait s'acquitter d'une manière ou d'une autre ; corrélativement, la formation a donc été considérée comme une dépense plutôt que comme un investissement. Si bien que les véritables enjeux de la loi, en particulier celui de donner une seconde chance à ceux qui avaient manqué leur scolarité, sont souvent passés au second plan.

Après 32 ans, quel bilan global peut-on en faire ? Selon que l'on est enclin aux encouragements ou à la sanction, les appréciations divergent. Ainsi, certains souligneront les progrès accomplis : entre janvier 1999 et février 2000, par exemple, plus de 29 % des salariés ont suivi une formation financée par leur employeur contre à peine 19 % sur la même période sept ans plus tôt (1992-1993)[1]. Mais d'autres s'en tiendront à un plus sévère « peut mieux faire », arguant que nous sommes encore loin des performances des pays du Nord où la proportion de salariés qui effectuent un stage annuel est beaucoup plus importante : 61 % en Suède, 53 % au Danemark – très inventif en la matière, ce pays est devenu une référence –, 50 % en Finlande.

En réalité, derrière ces chiffres globaux, se cachent deux grandes questions : celle des dysfonctionnements du système, qui est aujourd'hui source de grandes inégalités et n'a pas répondu à toutes les attentes, et celle, plus générale, des enjeux économiques et sociaux de nos sociétés

---

1. Source : enquête complémentaire à l'enquête « Emploi sur la formation continue », Insee, 2000.

modernes auxquels est censé répondre le concept encore vague de « formation tout au long de la vie ».

Les insuffisances des entreprises

Il serait injuste d'affirmer que tous les dysfonctionnements de la formation professionnelle continue, et les inégalités qui en résultent, trouvent leur origine dans la loi elle-même. Ils proviennent aussi de l'attitude parfois réticente des entreprises ou des salariés, de certaines lourdeurs et dérives des organismes chargés de mettre en œuvre et de dispenser la formation, et parfois d'une vision trop restrictive et trop scolaire de celle-ci. Autant de facteurs qui interagissent pour freiner le développement de la FPC dans notre pays.

La loi de 1971 a été pensée, une fois encore, pour les grandes entreprises et il n'y a pas eu, depuis, de volonté de faire évoluer cette loi en faveur des PME qui représentent pourtant aujourd'hui plus de 60 % de l'emploi salarié. Si les grandes entreprises ont sans doute compris plus vite les enjeux de la formation que les petites, elles se sont surtout retrouvées mieux armées pour gérer les plans de formation et utiliser à leur avantage les financements des organismes collecteurs. Conséquence : en 2000, les salariés qui travaillent dans les entreprises de plus de 500 personnes sont trois fois plus formés que ceux des PME de moins de 20. Et quatre PME sur dix seulement ont dépassé le budget minimum légal de formation.

Les PME ont été – et sont toujours – confrontées à des contraintes qu'elles ont d'autant plus de mal à gérer qu'elles n'ont pas les moyens de disposer de spécialistes du domaine : lourdeur des réglementations, difficultés d'accès aux financements, problèmes d'organisation interne (disponibilité des salariés, remplacement pendant leur absence), manque de motivation des collaborateurs…

Le plus grand obstacle, en particulier pour les plus petites, est certainement celui du retour sur investissement qui se pose de deux manières. D'une part, pourquoi former des salariés quand la taille de l'entreprise ne leur permet pas d'évoluer réellement dans leur fonction ? Cela constitue une dépense inutile pour l'entreprise et peut créer des frustrations chez le salarié. D'autre part, ne risque-t-on pas de donner aux salariés qu'on forme des atouts pour aller se faire recruter ailleurs ? Outre le coût de la formation perdue, l'entreprise stimulerait de fait le *turn-over*, alors qu'il est plutôt de son intérêt de fidéliser ses salariés.

Ainsi l'équation implicite formation = promotion agit-elle parfois au détriment de la formation, certains chefs d'entreprise ne voulant ou ne pouvant pas promouvoir leurs salariés.

Quelles qu'en soient les raisons profondes, la réalité est là : en 2000, les PME (de 10 à 49 personnes) ont investi en moyenne 1,7 % de leur masse salariale dans la formation contre 4,35 % pour les entreprises de plus de 2 000 personnes. Si l'écart entre grandes et petites entreprises se resserre (le rapport était de 1,26 % contre 5,12 % en 1991), il reste élevé…

Mais ces chiffres révèlent aussi un paradoxe. Globalement, si l'on excepte les TPE (moins de dix salariés), les entreprises dépassent largement les 1,5 % réglementaires. La moyenne générale des sommes qu'elles consacrent ensemble à la formation s'établit à 3,16 % de la masse salariale, soit plus du double de ce qui est prévu par la loi. Pourtant, elles n'arrivent à offrir une formation annuelle (parfois d'une seule journée) qu'à un peu plus du quart de leurs salariés. Ce qui veut dire que ceux-ci n'ont finalement la possibilité d'accéder à une formation, si courte soit-elle, que tous les quatre ans, avec les inégalités de répartition que l'on a déjà mentionnées. Est-ce suffisant ? Peut-on vraiment parler, dans ces conditions, de « formation continue » ?

En fixant une contribution minimum, la loi n'a-t-elle pas indirectement limité cette contribution et conduit à sous-estimer les besoins, en donnant bonne conscience aux entreprises qui s'acquittent de leurs obligations ?

Il est intéressant de constater que dans des pays comme l'Allemagne ou le Royaume-Uni, où il n'existe pas d'obligation légale de financement de la formation, ce sont respectivement 31 % et 53 % des salariés qui déclarent avoir reçu, en 2000, une formation payée par leur employeur. La contrainte n'est donc pas toujours la solution la plus efficace.

Les réticences des salariés

Pour beaucoup de salariés, la nécessité de se former n'apparaît pas comme une évidence, en particulier pour les salariés les moins qualifiés. Près de 20 % des ouvriers[1] considèrent leurs besoins de formation comme nuls, soit qu'ils pensent que leur métier ne demande pas de perfectionnement, soit qu'ils estiment qu'aucune promotion ou augmentation ne viendra récompenser leurs efforts. Ils sont également souvent moins informés que les cadres ou les agents de maîtrise sur les possibilités offertes en la matière. Enfin, les moins qualifiés sont ceux qui ont le moins réussi « à l'école », ils n'en gardent donc pas un très bon souvenir et manifestent peu d'enthousiasme à l'idée de recommencer un apprentissage considéré comme « scolaire ».

Il en résulte une première inégalité puisque seulement 15 % de non-diplômés suivent une formation chaque année contre 51 % de salariés possédant une licence ou

---

1. Source : CÉREQ-Insee, enquête formation continue, 2000.

plus. Cela est d'autant plus regrettable que 40 % de la population active française a une formation initiale inférieure au CAP, même si cette proportion à tendance à se réduire.

Notons également la réticence de l'ensemble des salariés, quel que soit leur niveau, à prendre en charge eux-mêmes une partie de leur formation, ne serait-ce qu'en prenant sur leur temps de repos, même si celle-ci leur est plus utile qu'à l'entreprise. À cet égard, le passage aux 35 heures, qui offrait une possibilité d'intégrer plus fortement la formation dans les parcours professionnels, n'a guère eu d'effets.

En France, le principe de la gratuité scolaire s'ajoutant à celui de la cotisation obligatoire (perçue comme une sorte de sécurité sociale pour la formation) conforte l'idée qu'un salarié n'a jamais à payer de sa poche ou de son temps pour se former.

Faut-il voir là aussi la raison du succès très mitigé du congé individuel de formation (CIF) qui, s'il ne demande pas un financement personnel, requiert au moins l'implication du salarié ?

La confusion des acteurs

Le système français, qui multiplie les acteurs (État, régions, partenaires sociaux, organismes paritaires collecteurs agréés (OPCA), organismes de formation…) est devenu très complexe et peu lisible. La constitution des dossiers, que ce soit pour la personne (CIF) ou pour les entreprises (notamment les PME) est longue, contraignante, rébarbative et nécessite souvent les compétences de spécialistes.

Rappelons seulement le nombre imposant des OPCA par lesquels transitent près de 30 % de l'argent dépensé par les entreprises en matière de formation : 99 au total qui ne jouent pas tous le même rôle.

Certains se contentent d'assurer la gestion administrative et comptable, quand d'autres font aussi du conseil et du montage de projet. Outre les lourdeurs administratives qu'elle engendre, cette pléthore d'organismes favorise l'opacité de leur fonctionnement.

Il est ainsi souvent impossible d'accéder à leurs comptes et d'obtenir des données globales sur la répartition des financements. Et il peut y avoir parfois confusion des rôles, au sein d'une OPCA, entre le financement d'un projet et le conseil en matière de prestataires...

En ce qui concerne l'offre, précisément, on estime à plus de 45 000, en 1998, le nombre de prestataires ayant exercé une activité de formation (dont 7 600 à titre principal). Ce chiffre, semble-t-il, augmente chaque année et recouvre des réalités très diverses, du formateur indépendant occasionnel aux gros organismes privés et publics. Si ce grand nombre d'intervenants sur le marché est un gage de diversité et de liberté de l'offre, il faut aussi reconnaître que cela ne facilite pas le choix des entreprises, et encore moins celui des salariés qui voudraient décider d'une formation par eux-mêmes.

Quant aux partenaires sociaux, patronat et syndicats, ils se sont, en général, contentés de tirer les bénéfices institutionnels de la gestion paritaire du système, sans vraiment s'impliquer dans son pilotage, pas plus que dans la définition des contenus de formation ou des grilles de qualification. Ils n'ont pas considéré la formation comme un enjeu majeur du dialogue social alors qu'elle est pourtant un élément important dans une négociation globale sur l'évolution des qualifications et des salaires.

La survalorisation des diplômes

S'il est un mal français, moins souvent identifié comme frein à la formation car plus inconscient, c'est celui de la survalorisation des diplômes et de la formation initiale. Avec deux conséquences :

- En premier lieu, le diplôme est presque toujours préféré à l'expérience, même si, à la sortie de leurs études, on demande abusivement aux jeunes d'avoir un diplôme et de l'expérience. Dès lors, plus son diplôme est élevé, plus le diplômé a la conviction qu'il n'a plus rien à apprendre, qu'il en a définitivement terminé avec les études. Pour des raisons symétriques, celui qui a une formation initiale faible a le sentiment que l'accès au sésame du diplôme lui est irrémédiablement fermé, quelles que soient son expérience et les formations continues qu'il a suivies, celles-ci n'étant précisément pas diplô-mantes. Et il n'a pas tort. On voit avec quelles diffi-cultés la validation des acquis de l'expérience (VAE) tente de se mettre en place. Le problème tient essen-tiellement au fait que l'Éducation nationale garde jalousement son monopole sur les diplômes et sur la manière de les obtenir, selon une approche très théo-rique.

- En second lieu, on ne peut que constater, parallèle-ment, la dévalorisation des formations professionna-lisantes (apprentissage, formation en alternance) qui restent réservées à ceux qui n'ont pas réussi dans la voie royale et qui ne répondent pas, de ce fait, aux besoins réels dans de nombreuses filières.

En fait, l'ombre portée par l'omniprésence de l'Éducation nationale obscurcit en permanence l'horizon. Pour les uns, elle apparaît comme un modèle indépassable auquel tous les systèmes de formation doivent peu ou prou se conformer. Pour les autres, elle agit comme un repoussoir

inhibant tout désir de formation. *In fine*, elle empêche de penser la formation professionnelle selon des concepts pédagogiques innovants et des modes de validation originaux.

Les enjeux d'une refondation de la formation continue

Les constats qui précèdent suffiraient sans doute à justifier de l'urgence de refonder notre système de formation professionnelle pour le rendre plus efficace. Mais on risquerait, si on s'en tenait à ces dysfonctionnements, de n'opérer qu'un replâtrage de la loi de 1971 qui s'écaillerait à nouveau bien vite. Car, en ce début du XXIe siècle, en proie à de violentes mutations économiques et sociétales, les enjeux de la formation professionnelle continue sont bien différents de ceux qui étaient posés il y a 30 ans. Ils sont, à notre sens, de trois ordres : pour l'individu, pour l'entreprise, pour la société.

Pour l'individu, employabilité et développement personnel

L'évolution des savoirs et des connaissances est tellement rapide qu'on ne saurait plus, désormais, les « posséder » une fois pour toutes. Il en va de même pour les métiers : non seulement ils changent constamment mais il s'en crée régulièrement de nouveaux, que l'on n'imaginait même pas quelques années auparavant. Qui aurait prédit, il y a dix ans, que le métier de webmestre ou de créateur de sites Internet prendrait autant d'importance ?

Parallèlement, chacun sait bien qu'au cours de sa vie professionnelle, il sera amené à changer plusieurs fois d'entreprise et de métier.

La formation tout au long de la vie doit pouvoir donner à chaque personne un niveau d'employabilité qui lui permette de faire face à l'incertitude, d'associer flexibilité et sécurité.

Cela veut dire qu'elle est aussi – et surtout – un moyen de développement personnel de l'intelligence, de la créativité, de la capacité relationnelle, grâce auquel chacun sera en mesure de mieux prendre en main son avenir professionnel et de construire sa vie.

Pour l'entreprise, compétitivité et innovation

L'entreprise d'aujourd'hui, et certainement plus encore celle des années à venir, a moins besoin de bras que de cerveaux. Et les bras eux-mêmes ne doivent plus être mus par le réflexe et la répétition, mais par l'intelligence. On ne leur demande pas de reproduire indéfiniment les mêmes mouvements mais d'inventer au quotidien les gestes, les attitudes, les relations les plus appropriés à des situations changeantes. La réactivité et l'autonomie des collaborateurs sont devenues des leviers essentiels de la compétitivité des entreprises. Leur intelligence et leur esprit d'initiative sont par ailleurs les moteurs de l'innovation qui est elle-même un facteur déterminant du développement et de la pérennité des entreprises. Leur capacité relationnelle, enfin, devient déterminante dans un nombre toujours plus élevé de métiers.

C'est ce « capital humain » que l'entreprise a la responsabilité de faire fructifier si elle veut rester durablement performante. En ce sens, la formation est un outil central de sa stratégie à moyen et long terme, qui lui permettra en outre d'attirer et de fidéliser ses salariés autour de son projet.

Pour la société, dynamisme social et évolution humaine

Enfin, si la formation constitue une valeur ajoutée pour le salarié et pour l'entreprise, elle est aussi un atout pour la société tout entière, si elle veut bien s'en donner les moyens. Une bonne part des 2 millions de chômeurs que compte notre pays ne trouve pas d'emploi parce qu'elle n'est plus employable : ce sont des hommes et des femmes déqualifiés, qui n'ont plus que marginalement accès à la sphère du travail. Leur remise à niveau ne saurait être du ressort direct des entreprises. Mais la société doit pouvoir les prendre en charge en utilisant plus judicieusement et plus massivement les fonds de formation. Cette dépense apparente serait en réalité, là aussi, un investissement rentable : d'une part, en remettant des gens au travail, elle soulagerait les fonds de l'Unedic ; d'autre part, elle créerait une dynamique et une compétitivité nouvelles par l'élévation du niveau des compétences et par l'accès possible pour chacun à un emploi.

Plus profondément encore, les découvertes biologiques, génétiques et anthropologiques semblent nous montrer que l'homme progresse dans le sens du développement de son système nerveux central, puis de sa pensée conceptuelle et symbolique. Non qu'il soit l'aboutissement de l'évolution, comme certains aiment à le croire, mais il réagit à la complexité qu'il crée lui-même par son activité économique, sociale et technique. Il doit comprendre et interpréter le monde qu'il invente pour ne pas être dépassé par lui. Cette interaction perpétuelle et de plus en plus complexe entre l'homme et ses objets réels et virtuels le transforme définitivement en un être apprenant.

La logique de l'évolution humaine semble ainsi faire de l'apprentissage permanent la clé de notre survie.

Ainsi, il y a 30 ans, la formation continue apparaissait un peu comme une cerise sur le gâteau de l'entreprise, permettant d'ajouter de la couleur et du goût au travail. Aujourd'hui, elle est le levain de la pâte de nos sociétés, ingrédient sans lequel elles ne pourront pas continuer de se développer.

Une véritable politique de formation permanente

Les hésitations du vocabulaire sont souvent symptomatiques des hésitations de la pensée. Ainsi a-t-on parlé, au fil des ans et alternativement, de formation « professionnelle » ou de formation « continue », insistant, un jour, sur le côté utilitaire de la formation et, un autre jour, sur la nécessité de sa persistance, au-delà de l'école. Faute d'avoir pu trancher sur les priorités, on en est arrivé aujourd'hui à réunir les deux termes : FPC, formation professionnelle continue.

Si l'on est d'accord avec les enjeux qui viennent d'être évoqués, ne faut-il pas aller plus loin, jusqu'au bout du raisonnement, pour en revenir simplement à l'idée de « formation permanente » ? Cette notion, antérieure à celle de la FPC, nous semble mieux rendre compte de la réalité des besoins de notre époque. Elle englobe, dans la durée, les dimensions personnelles et professionnelles de la formation.

Les pays comme le Danemark, les Pays-Bas, la Finlande, qui ont une longue tradition de formation permanente, parfois séculaire, sont aussi ceux qui sont en tête des formations en entreprise, où le niveau d'instruction est parmi les plus élevé et qui ont les taux de chômage les plus bas.

N'est-ce pas d'ailleurs à cette idée de formation permanente que se réfère implicitement la nouvelle expression de « formation tout au long de la vie », d'autant plus utilisée que personne ne sait très bien ce qu'elle recouvre ? Pourtant, la formation permanente a fondamentalement un contenu plus riche et plus radical : cette expression signifie, non seulement formation tout au long de la vie, mais également pour tous et sous toutes ses formes :

- **Tout au long de la vie**. Cela implique qu'il faut tenir compte de la nouvelle répartition des temps sociaux qui ne se découpent plus uniquement selon le rythme ternaire : apprentissage, travail, retraite. Dans une vie désormais faite d'alternances, de changements, de bifurcations, la formation se situe non seulement à tous les carrefours mais elle est le compagnon de route de chacun.

- **Pour tous**. Il s'agit en particulier de réduire les inégalités que nous avons soulignées plus haut. Si elle veut retrouver son dynamisme, notre société ne peut plus laisser sur le bord de la route les 4 ou 5 millions de nos concitoyens qui ont un niveau insuffisant, pour espérer progresser et se réinscrire durablement dans la sphère économique et sociale.

- **Sous toutes ses formes**. Il est temps de reconnaître réellement et concrètement la valeur formatrice de l'expérience et du travail, et le rôle joué dans ce domaine par les itinéraires professionnels et les organisations apprenantes. Cela peut se faire par l'intermédiaire de la VAE, qui a du mal à s'imposer, mais aussi au travers d'un changement des mentalités qui permette de se détacher du culte des diplômes. Il convient également de développer toutes les formes d'apprentissages autres que théoriques et intellectuelles, de sorte que toutes les variétés d'intelligences puissent s'exprimer.

En matière de santé publique, l'État confère à chaque citoyen un droit à la santé et un accès aux soins parce qu'il considère qu'il s'agit d'un investissement favorable au développement de la société française.

Aujourd'hui, l'État ne doit-il pas penser la prise en charge et l'accès à la formation permanente comme un engagement collectif auprès de chacun pour accompagner, à toutes les étapes, la réussite et le développement de l'individu et de la nation ? Et si l'école française est un fleuron de la construction républicaine du XIXe siècle, l'émergence d'une politique de « formation publique », fondée sur un droit individuel à la formation, n'est-elle pas l'un des enjeux républicains du XXIe siècle ?

Encadrée, soutenue par l'État, cette révolution culturelle et sociale doit évidemment être portée et mise en œuvre par de multiples acteurs, au premier rang desquels les entreprises et leurs dirigeants.

En ce sens, le CJD considère qu'il faut faire de la « formation permanente » un enjeu de société, dans le sens de l'intérêt général et pour la santé économique et sociale du pays.

Sept propositions
pour une formation réellement
permanente

Unanimité : un accord national interprofessionnel sur « l'accès des salariés à la formation tout au long de la vie professionnelle » a été signé le 20 septembre 2003, dans une remarquable unanimité, par les trois organisations patronales et les cinq syndicats représentatifs. Le CJD se réjouit que plusieurs de ses propositions aient trouvé un écho dans cet accord dont l'esprit, les intentions et les dispositions lui paraissent aller dans le bon sens.

28

Étendre à toutes les entreprises l'obligation de former leurs salariés, quelle que soit leur taille

Les entreprises de moins de dix salariés auraient, comme les autres entreprises, la possibilité d'inscrire la formation dans une démarche volontariste ou contrainte. Un échéancier progressif pourrait être mis en place afin d'aboutir au taux de 1,5 % pour toutes les entreprises.

Lien

Cette proposition est en lien avec l'accord national sur la formation professionnelle, chapitre VIII, article 25 : « *Les entreprises employant moins de dix salariés doivent chaque année consacrer au financement des actions de formation professionnelle continue conduites en application du présent accord une contribution minimale équivalant à :*

- 0,40 % du montant des rémunérations versées pendant l'année de référence, à compter du 1er janvier 2004 ;

- *0,55 % du montant des rémunérations versées pendant l'année de référence, à compter du 1er janvier 2005.* »

29 Instaurer le crédit formation tout au long de la vie

Fondé sur un système à points, ce crédit formation serait intégré dans un « carnet de formation », comparable à un carnet de santé dans sa finalité, cumulant la formation initiale et professionnelle de la personne, ses acquis par ses expériences professionnelles et associatives, ses talents, ses aptitudes...

Lien

Cette proposition est en lien avec :

- **L'accord national sur la formation professionnelle, chapitre II, article 6**, qui, sous l'angle de la formation tout au long de la vie, instaure un droit individuel à la formation (DIF) d'une durée de 20 heures par an, cumulable sur plusieurs années ;

- **Le même accord, chapitre 1, article 2**, qui, sous l'angle du « carnet de formation », stipule : « *Afin de favoriser sa mobilité interne ou externe, chaque salarié doit être en mesure d'identifier et de faire certifier ses connaissances, ses compétences et ses aptitudes professionnelles, acquises soit par la formation initiale ou continue, soit du fait de ses expériences professionnelles. Dans cette perspective, les parties signataires souhaitent que chaque salarié puisse, à son initiative, établir son "passeport formation" qui reste sa propriété et dont il garde la responsabilité d'utilisation.* » Ce passeport recense notamment les diplômes, les expériences professionnelles, les formations suivies, les emplois occupés.

30 Permettre à toute personne de réaliser, tous les cinq ans, un bilan de compétences en dehors de l'entreprise

Ce bilan extérieur (comme cela se pratique dans le domaine de la santé avec les visites médicales annuelles) viendrait en complément du bilan de compétence de l'entreprise s'il a lieu.

Lien

Cette proposition est en lien avec l'accord national sur la formation professionnelle, chapitre I, article 1 : « *Pour lui permettre d'être acteur dans son évolution professionnelle, tout salarié ayant au moins deux années d'activité dans une même entreprise bénéficie, au minimum tous les deux ans, d'un entretien professionnel réalisé par l'entreprise. [...] Après 20 ans d'activité professionnelle et, en tout état de cause, à compter de son 45ᵉ anniversaire, tout salarié bénéficie, sous réserve d'une ancienneté minimum d'un an de présence dans l'entreprise qui l'emploie, d'un bilan de compétences mis en œuvre en dehors du temps de travail et d'une priorité d'accès à une validation des acquis de l'expérience.* »

31 Favoriser la valorisation des formations internes

Les formations internes pourraient ainsi être incluses dans les plans de formation cofinancés par tous les organismes paritaires collecteurs agréés. Ce serait aussi un moyen de reconnaître l'entreprise comme lieu de formation (idée implicitement reconnue par la validation des acquis de l'expérience – VAE) pour lier de façon réciproque l'activité productive et le développement de compétences, pour développer la « culture d'entreprise autour de la formation ».

32 Instituer le *Job Rotation*

À l'exemple de nos voisins danois, il s'agit de donner la possibilité à des personnes au chômage de remplacer une personne de l'entreprise absente (pour congés formation, maladie...). Ce nouveau salarié serait rémunéré par l'entreprise à 50 % et par la collectivité à 50 %. Cette solution a permis au Danemark à une personne sur deux en moyenne de bénéficier d'une embauche dans l'entreprise d'accueil.

Lien

Cette proposition est en lien avec le projet de loi Fillon sur la formation professionnelle (adopté en Conseil des ministres le 19 novembre 2003), article 6, stipulant : « *Le gouvernement a jugé nécessaire d'apporter sa contribution au développement de la formation tout au long de la vie au travers notamment de l'aide au remplacement du salarié parti en formation pour faciliter le développement de la formation dans les petites et moyennes entreprises.* »

Cette disposition a été votée par le Sénat, le 3 mars 2004, sous la forme suivante : « *Afin d'assurer le remplacement d'un ou plusieurs salariés en formation, dans les entreprises de moins de 50 salariés, l'État accorde aux employeurs une aide calculée sur la base du salaire minimum de croissance pour chaque personne recrutée dans ce but ou mise à leur disposition par des entreprises de travail temporaire ou des groupements d'employeurs.* »

33 Mettre l'accent sur le co-investissement avec le salarié

Certaines formations, permettant notamment de développer de nouvelles compétences, pourraient être effectuées en dehors du temps de travail, selon des répartitions de temps à négocier dans les institutions représentatives du personnel.

Lien

Cette proposition est en lien avec l'accord national sur la formation professionnelle, chapitre II, article 8. Le texte distingue trois types d'actions de formation : adaptation au poste de travail, évolution des emplois ou maintien dans l'emploi, développement des compétences. Dans ce dernier cas, l'accord stipule que la formation peut se dérouler en dehors du temps de travail du salarié, dans la limite de 80 heures par an. En contrepartie, l'entreprise lui verse une allocation qui correspond à 50 % de sa rémunération nette de référence et s'engage à le faire évoluer dans son poste.

34 Inciter les dirigeants à se former

Le droit à la formation pourrait être étendu aux dirigeants d'entreprise. Sachant que ceux-ci n'ont pas l'habitude de se former, ils y seraient incités par un dispositif fiscal du type crédit d'impôts compétences, calqué sur le crédit d'impôts recherche.

Notons, d'une manière plus large et concernant aussi les cadres dirigeants, que les formations au développement personnel ou à la stratégie ne sont toujours pas prises en charge par les organismes de formation professionnelle (OPCA, AGEFOS…). Ce sont pourtant des compétences de plus en plus utiles pour gérer et développer les entreprises.

chapitre 7

Emploi, soyons tous acteurs de notre avenir

Introduction
Une priorité nationale qui exige une stratégie à moyen terme

La croissance et les effets démographiques ne suffiront pas à résorber le chômage. Affirmer le contraire, c'est sans doute conduire notre société et de nombreux salariés et chômeurs vers un mauvais rêve.

En effet, les conséquences directes de la croissance sur l'emploi ne sont plus aussi efficaces. Les gains de productivité réguliers et permanents effectués par les entreprises en réduisent l'impact. Et une partie des emplois qu'elle génère se situe dans les pays où la production des produits ou services a été délocalisée.

Par ailleurs, la mutation démographique que va constituer la mise à la retraite de la génération d'après-guerre était hautement prévisible et prévue. Mais, outre qu'elle ne va pas mécaniquement résoudre le problème du chômage, qui l'a anticipée ? Qui s'inquiète concrètement de la pénurie qu'elle va engendrer dans de nombreux métiers ? Cette année 2003, on a continué de mettre des salariés en préretraite. Et les entreprises sont encore loin de proposer à leur personnel des formations afin qu'ils restent employables.

Mais ces deux paradoxes ne sont pas les seuls lorsque l'on s'interroge sur la question de l'emploi.

Des secteurs entiers de notre économie manquent de main-d'œuvre alors même que nous recensons officiellement plus de 2 millions de chômeurs (en réalité beaucoup plus). C'est le cas de l'hôtellerie-restauration, du bâtiment, de la métallurgie, de la santé... Il y aurait ainsi plus de 300 000 emplois qui ne trouveraient pas preneurs. Et un récent rapport du Conseil économique et social préconise « d'ouvrir davantage nos frontières à une immigration de travail » pour faire face à cette pénurie qui pénalise le développement de certaines entreprises.

C'est que, nouveau paradoxe dans le pays de Jules Ferry et de l'ENA, nos concitoyens ne sont pas assez qualifiés, y compris en ce qui concerne l'enseignement supérieur. Seulement 150 000 étudiants par an obtiennent leur licence ou plus quand il en faudrait le double. Chaque année, 35 000 d'entre eux, au moins, devront remplacer les professeurs partant à la retraite et beaucoup plus pour le contingent de cadres lui aussi sur le départ.

Autre source d'étonnement : l'emploi des jeunes. Il semble que les seuls qui soient employables sont ceux qui sortent de grandes écoles, ont plus de 28 ans et déjà beaucoup d'expérience pour être tout de suite opérationnels. Derrière cette course aux diplômés, nos méthodes rigides de recrutement ne sont-elles pas en cause ? La valorisation auprès des jeunes de nombreux métiers essentiels à notre quotidien, ainsi que de leur cursus scolaire, n'est-elle pas un enjeu fondamental ?

Arrêtons ce catalogue de nos contradictions à ce dernier paradoxe : nous restons sur une vision de l'emploi statique, datant de l'ère industrielle, alors même qu'il s'agit d'un processus dynamique : les métiers évoluent, certains apparaissent tandis que d'autres disparaissent ou se délocalisent, notre relation au travail change, la mondialisation de l'économie redistribue les cartes de la production...

Il est donc temps de changer notre regard sur l'emploi. Pour les dirigeants que nous représentons, il faut penser l'emploi en termes d'avenir et de développement. Étant donné le dynamisme des PME dans ce domaine – ce sont actuellement les principales créatrices d'emplois –, leurs responsables mériteraient qu'on les écoute un peu plus. Espérons donc que les analyses que nous faisons ici trouveront des oreilles attentives, tant du côté des décideurs politiques que des partenaires sociaux[1]. Mais aussi des chefs d'entreprise qui n'ont pas toujours conscience que la performance économique de leur entreprise est étroitement liée à un ensemble d'autres performances, en particulier, précisément, la capacité de fédérer la société civile, les entreprises, les décideurs pour définir une stratégie à moyen terme de l'emploi.

Nous devons faire du développement de l'emploi une priorité nationale, en ayant dans l'idée que l'enjeu n'est pas seulement de résorber le chômage, mais surtout de redonner à notre économie et à notre pays le dynamisme d'un leader européen. Et cela passe désormais par un investissement massif dans la recherche et l'innovation, qui sont la clé du développement des entreprises et des emplois durables à forte valeur ajoutée. Il ne s'agit donc pas de « remettre les gens au travail », selon une formule un peu passéiste, mais de proposer à

---

1. Ce rapport a été publié en novembre 2003.

chacun une place dans la société et les possibilités de s'y épanouir. Nous ne sommes pas de ceux qui croient au déclin. Entrepreneurs, nous avons plutôt « le goût de l'avenir »[1].

Quel avenir pour l'emploi ?

Depuis presque un quart de siècle, quand on se penche sur le « problème » de l'emploi, on a en réalité en tête celui du chômage, à tel point que les deux mots semblent indéfectiblement liés, revers et avers d'une même médaille. Pour les politiques, les entreprises doivent créer des emplois afin de résorber le chômage. À quoi les responsables économiques rétorquent que le but de l'entreprise n'est pas de fournir des emplois mais de créer des richesses. De là découle un certain nombre de malentendus et le jeu de dupes que l'on connaît : l'emploi-chômage fait l'objet de chantages réciproques. Si vous embauchez, dit le gouvernement, nous baissons vos charges sociales ou nous vous accordons des primes. Si vous ne nous apportez pas tel ou tel avantage, réclament de leur côté les entreprises aux collectivités locales, nous allons nous implanter ailleurs.

C'est ainsi que notre pays a privilégié le « traitement social » du chômage, au travers de systèmes de financement de plus en plus lourds et complexes qui ont depuis longtemps montré les limites de leur efficacité et ne sont pas sans effets pervers. Effets de seuil, par exemple, du côté des chômeurs qui peuvent perdre du pouvoir d'achat en reprenant le travail ; effet de démotivation pour une frange minoritaire des chômeurs ; effet d'aubaine pour les entreprises qui se font subventionner des postes qu'elles auraient dû créer de toute

1. Selon le titre du livre de Jean-Claude Guillebaud, éditions du Seuil, 2003.

manière. Effet de brouillage, surtout, qui masque la réalité de la situation.

Il ne s'agit pas de remettre en cause des mesures qui permettent aux chômeurs d'échapper à la précarité et de garder un minimum de dignité, et qui, malgré tout, n'ont pas empêché le retour à l'emploi de nombre d'entre eux. Il était indispensable de réagir à l'urgence.

Mais, en se retirant sur une position essentiellement défensive, et en semblant attendre passivement des jours meilleurs, on a oublié d'attaquer le problème à bras le corps, on ne s'est pas suffisamment interrogé sur les raisons de cette dépression profonde et durable du marché du travail. On n'a donc pas assez réfléchi aux moyens de développer l'emploi de manière dynamique, notamment grâce à l'innovation et à la création d'activités nouvelles.

Si, depuis tant d'années, la demande de travail dépasse l'offre, ne faut-il pas admettre que ce n'est pas seulement pour des raisons conjoncturelles et que le retour de la croissance – hypothétique et toujours différé – ne suffira pas à rééquilibrer le marché ? En réalité, la crise de l'emploi est structurelle. Elle est le reflet des mutations socio-économiques que vit l'ensemble de nos sociétés développées : vieillissement de la population et incertitudes sur l'avenir, mondialisation concurrentielle, passage de l'ère industrielle à l'ère des services et de l'immatériel, augmentation de la productivité, évolution dans la forme et la nature des emplois, apparition de nouveaux métiers, changement de notre rapport au travail.

De notre difficulté à comprendre et à accepter les conséquences de ces mutations vient, en grande partie, notre incapacité à résoudre la crise.

Une nouvelle relation au travail

« La valeur travail disparaît », « les jeunes ne veulent plus travailler »… on ne cesse de ressasser ces formules à l'emporte-pièce qui tiennent lieu d'analyse aussi sommaire que définitive : si les jeunes ne trouvent pas de travail, c'est qu'ils sont paresseux, qu'ils ne croient plus au travail. En l'occurrence, c'est plutôt le raisonnement qui est paresseux.

Même en restant rapides, essayons d'être moins sommaires. Sans doute beaucoup de jeunes ne veulent-ils plus travailler comme la génération précédente : ils ont vu trop de leurs parents engagés corps et âme dans leur travail et dégagés corps et bien à la moindre baisse de rentabilité. Ils ont acquis envers l'entreprise, si ce n'est de la méfiance, du moins une certaine distance. Et leur engagement ne saurait plus être que contractuel.

De même, ils ne sont plus attirés par les travaux pénibles et réputés peu qualifiés. Mais qui aime les travaux pénibles ? Et, surtout, ne les pousse-t-on à faire des études, à se qualifier pour s'en sortir (80 % d'une tranche d'âge au bac, on connaît le slogan), en dévalorisant ainsi les métiers dits manuels ?

Enfin, il faut bien constater que les entreprises ne font pas beaucoup d'efforts pour recruter et intégrer les jeunes, hormis ceux qui ont le profil type (diplômés de grandes écoles) et qu'elles s'arrachent. On peut ainsi regretter que le dispositif d'alternance, qui permet à des jeunes de se familiariser avec le monde de l'entreprise, ne soit pas plus utilisé.

Ce que révèle l'attitude des jeunes, et qui s'étend de plus en plus à d'autres tranches d'âge, ce n'est pas la disparition de la valeur travail mais son déplacement. Le travail continue d'occuper une place essentielle dans la vie des personnes. Nous le constatons tous les jours dans nos entreprises et les études sérieuses menées sur le sujet le montrent abondamment.

Mais les comportements par rapport au travail changent. Parler du travail comme valeur absolue, c'est supposer qu'on doive sacrifier au travail pour lui-même et peut-être se sacrifier pour lui. Aujourd'hui, le travail a simplement une valeur relative. Il est d'abord un moyen de gagner de quoi vivre. Si, en plus, il est intéressant et il apporte un certain épanouissement, tant mieux. Pour autant, il ne saurait être la seule source d'épanouissement et chacun veut garder la possibilité d'équilibrer vie personnelle et vie professionnelle.

Doit-on s'attrister de cette désacralisation du travail ? Nous ne le pensons pas, car il s'agit simplement de reconnaître que les hommes ne se réduisent pas à leur seule dimension économique et que le travail n'est qu'un vecteur parmi d'autres de leur accomplissement. Mais il faut en tirer les conséquences en matière d'attractivité de nos entreprises, de modes de recrutement, de fidélisation.

L'expression « les jeunes – ou, plus largement, les gens – ne veulent plus travailler » est en fait révélatrice d'un désappointement douteux de la part de certains responsables économiques : « Comment se fait-il, alors qu'il y a tant de chômeurs, que nous ne trouvions pas la main-d'œuvre corvéable à merci que nous voulons ? » Il leur semble paradoxal que la pression du chômage ne suffise plus à pousser les individus à accepter n'importe quoi. Nous assistons bien à un changement dans la relation au travail et les dirigeants qui ne le comprendraient pas doivent s'attendre à des jours difficiles.

De plus en plus de salariés, en tous cas, ont compris que puisque le travail est devenu une marchandise, rien ne s'opposait à ce qu'ils puissent, eux aussi, faire leur marché et choisir les produits qui leur conviennent. Ils n'hésitent plus à refuser un emploi si les conditions ne leur plaisent pas, à zapper d'une entreprise à l'autre, à négocier leur temps de travail, à contractualiser leur mission. Ces salariés ne sont pas majoritaires aujourd'hui, mais ils représentent une avant-garde dont les troupes vont se gonfler à mesure que le déséquilibre démographique va pencher en leur faveur. On peut s'attendre à ce que le basculement du rapport de force les rende de plus en plus exigeants.

Une évolution nécessaire dans notre manière de penser les emplois

Si les comportements, la demande par rapport au travail sont en train de changer, l'offre d'emploi est également en pleine évolution dans ses contenus. Mais elle se heurte à des rigidités de toutes sortes.

Des pratiques de recrutement trop restrictives

En 2002, la moitié des créations nettes d'emploi a été le fait des entreprises de moins de 99 salariés. Et l'ensemble des PME (moins de 250 personnes) représente les deux tiers de l'emploi salarié total en France. Ce dynamisme en matière d'emploi est pourtant loin d'être reconnu et l'on continue à ne regarder, par médias interposés, que ce qui se passe dans les grandes entreprises, en général pour parler de plans sociaux. Il ne semble ainsi exister, dans le paysage économique français, que des grands groupes qui licencient (on oublie d'ailleurs de signaler que ceux-ci embauchent aussi, parfois).

Depuis plusieurs années, le développement de l'emploi est ainsi lié à celui des PME. Mais celles-ci ont souvent du mal à se développer car elles trouvent difficilement les candidats dont elles ont besoin. Comment faire en sorte que la rencontre entre l'offre et la demande ait lieu dans de meilleures conditions, pour que le mouvement s'accélère ?

Si les entreprises ne trouvent pas les « bons candidats », c'est aussi qu'elles cherchent trop souvent le mouton à cinq pattes et qu'elles se donnent des critères de recrutement très restrictifs. Reconnaissons-le honnêtement pour tenter d'y remédier : trop de responsables de PME ont des difficultés à définir correctement leurs besoins et dessiner le bon profil de poste (et ils n'ont pas de responsables RH pour le faire). Ils n'ont pas non plus toujours la capacité de déceler, chez des candidats qui ne correspondent pas *a priori* au poste, les qualités qui leur permettraient de s'y adapter.

Résultat : tout le monde puise dans le même vivier, celui des diplômés qui ont de l'expérience mais ne sont pas trop vieux, entre 28 et 35 ans... Conséquence : la durée de la vie active se rétrécit et nous avons un des plus faibles taux d'activité des jeunes et des seniors, en comparaison avec les autres pays européens.

L'illusoire adéquation entre offre et demande

Plus de 2 millions de chômeurs en France et 300 000 emplois non pourvus. Pourquoi cette contradiction ?

Les métiers et leurs contenus changent, les besoins des entreprises évoluent et elles ne trouvent pas les compétences nécessaires. En face, les demandeurs d'emploi ne trouvent pas celui qui correspond à leur formation ou à leurs attentes. Comment se fait-il que l'on ne parvienne pas à une meilleure adéquation entre l'offre et la demande ? Mauvaises prévisions, mauvaises orientations, mauvaises formations ? En fait, la notion même d'adéquation est un leurre parce qu'elle donne une vision statique de l'emploi, comme s'il suffisait d'avoir la bonne pièce pour compléter le puzzle.

Ainsi la recherche d'une adéquation illusoire conduit-elle à ranger les personnes dans des catégories abstraites qui ne rendent pas compte de leur adaptabilité ou de l'évolution possible de

leurs compétences. Et finalement, elle génère du chômage et de la pénurie.

Il conviendrait plutôt de parler, selon une approche plus dynamique et individualisée, de rencontre entre des besoins et des compétences pouvant interagir entre eux, s'adapter les uns aux autres. Le profil d'un poste peut évoluer en fonction d'une personne et celle-ci en fonction du travail qui lui est demandé. N'est-il pas temps d'humaniser la relation de recrutement en regardant les personnes pour ce qu'elles sont et non pour les diplômes qu'elles ont acquis (ceux-ci indiquant alors surtout un niveau général) ? Cela est d'autant plus vrai que de plus en plus d'emplois demandent d'abord, précisément, des qualités relationnelles autant que des compétences techniques.

L'employabilité, un concept ambigu

Puisque, désormais, nous serons tous amenés, dans notre vie, à changer plusieurs fois d'entreprise, voire de métier ou de carrière, chacun doit être capable de développer son employabilité afin de gérer au mieux son insertion et ses bifurcations professionnelles. Cette idée est devenue une sorte de vulgate anti-chômage et le CJD lui-même a souvent plaidé en sa faveur tandis que les syndicats la rejettent.

Il est vrai qu'elle n'est pas sans ambiguïté. D'abord parce qu'elle dépend souvent du niveau d'éducation. Il est plus facile à un cadre diplômé de faire preuve de son employabilité qu'à un ouvrier peu qualifié (même si, dans le principe, l'un et l'autre sont tout autant employables). Mais surtout parce que cette notion renvoie à une responsabilité personnelle et peut donc être source de culpabilité lorsqu'on s'entend dire : « Si vous n'êtes pas employable, c'est de votre faute, parce que vous ne vous êtes pas assez formé, vous avez mal géré vos acquis, vous êtes mauvais. » Beaucoup de personnes n'ont pas, d'emblée, les moyens d'être entrepreneurs de leur vie. Et la mobilisation individuelle est inutile quand il n'y a pas d'opportunité professionnelle. Combien ont essayé de se former, de changer et n'ont pas trouvé, au bout du compte, un travail les récompensant de ces efforts ?

L'employabilité relève donc plutôt d'une responsabilité collective, c'est-à-dire qu'elle doit être le fruit d'une négociation entre l'individu, l'entreprise et les partenaires sociaux qui s'accordent pour définir et mettre en œuvre les conditions dans lesquelles elle est réalisable : en amont par la formation des personnes, en aval par les possibilités offertes sur le marché du travail.

La formation change de promesse

De nouveaux accords nationaux pour la formation professionnelle viennent d'être signés. La formation tout au long de la vie apparaît bien comme le nerf de la guerre contre le chômage et pour l'employabilité[1]. Nous soulignerons simplement ici le changement d'objectif de la formation professionnelle. Elle n'est plus uniquement un instrument de promotion sociale et professionnelle. Apprendre de manière permanente et régulière est désormais une nécessité pour se maintenir à niveau et garder son travail. Cela demande une plus grande implication de la part des salariés qui seront amenés à se former sur leur temps de loisir.

Un droit du travail rigide

Faut-il encore une fois enfoncer le clou ? Le caractère complexe et rigide du droit du travail, en France, finit par se retourner contre les intérêts des salariés qu'il est censé défendre. Et ces contradictions ne font que s'accroître dans la mesure où, comme nous l'avons souligné plus haut, le rapport au travail et les manières de travailler changent.

---

1. Voir chapitre précédent.

Un exemple : de plus en plus de salariés pourraient être recrutés sur des missions (ce qui correspond bien à la forme de management par projets). Mais ces missions n'ont pas de durée fixe *a priori*, puisqu'elles s'achèvent... lorsqu'elles ont abouti. Comment gérer le contrat, si la mission excède la durée légale maximum d'un CDD (18 mois) ? Ce manque de souplesse, la prévalence du CDI, les lourdeurs des procédures de licenciement sont assurément des obstacles à l'embauche : aux Pays-Bas, où il est facile de licencier (c'est la loi sur la « flexicurité »), le taux de chômage est bien plus faible qu'en France, ce qui tend à montrer qu'il n'y a pas de lien de cause à effet entre facilité de licenciement et nombre de chômeurs. Et en France, le CDD de chantier existe déjà dans certaines conventions collectives.

Des partenaires sociaux partisans du « toujours plus »

Les syndicats exigent dans le domaine de l'emploi toujours plus de protection pour les salariés. Cela semble être dans leur rôle. Mais n'est-ce pas une attitude suicidaire ? Entraver les évolutions et les restructurations d'entreprises, s'accrocher à tous les acquis, sans tenir compte de la réalité économique et des changements que nous vivons, n'est-ce pas condamner à moyen terme de nombreux emplois ? De plus, quand les murs de protection sont trop épais, sans doute évitent-il à ceux du dedans d'être chassés, mais ils empêchent aussi ceux du dehors d'entrer.

À l'opposé, cela ne signifie pas, comme le réclament certains syndicats patronaux, qu'il faille déréguler le marché du travail à tout va. Cela générerait, à notre sens, encore plus de précarité et de pauvreté.

Aujourd'hui, il s'agit au contraire que les partenaires sociaux déterminent ensemble les meilleures solutions qui permettent aux salariés de conserver le plus possible l'emploi qu'ils désirent

et aux employeurs de développer leur entreprise dans un environnement social favorable.

La loi sur la formation professionnelle, que l'on vient d'évoquer, donne un exemple réussi de conciliation d'intérêts qui peuvent paraître divergents, avec le droit pour chacun, par exemple, de bénéficier de trois jours de formation par an.

Des inégalités face à l'emploi

Pour trouver du travail, il vaut mieux être un blanc diplômé de 35 ans, français de souche et bien de sa personne, qu'une femme noire de 50 ans (ou 22) d'origine étrangère sans diplôme et handicapée…

Cette image caricaturale est malheureusement le reflet de la réalité.

En effet, le sexe, l'âge, l'origine ethnique, le handicap et aussi la « prestance » sont autant de facteurs de discrimination et d'inégalité face à l'emploi. Quelques chiffres : les femmes occupent 85 % des emplois à temps partiel (et 40 % d'entre elles souhaiteraient travailler plus) ; au cours de la seconde moitié du xxᵉ siècle, les hommes ont vu passer leur taux d'activité de 77 % à 34 % pour les moins de 25 ans et de 58 % à 19 % pour les plus de 55 ans ; le taux de chômage des étrangers hors Union européenne (UE) est deux fois plus élevé que celui des Français ; celui des handicapés a progressé de 194 % en dix ans ; quant aux personnes jugées séduisantes, elles gagnent 15 % de plus que celles qui sont jugées laides…[1]

Des solutions trop hexagonales

Pays d'exception, la France ne peut s'abaisser à « importer » des solutions venues d'ailleurs. Elle doit

---

1. Ces chiffres sont extraits du très bon document « Marché de l'emploi, mode d'emploi », n° 4, juin 2002, publié par le Lab'Ho (groupe ADECCO).

tout tirer de son génie propre. Pourtant, autour de nous, de nombreux pays de l'UE ont expérimenté des solutions originales pour développer les emplois, qui pourraient être appliquées facilement dans l'Hexagone. Nous avons déjà cité la flexicurité hollandaise. La Grande-Bretagne a réussi en quelques années à faire passer son taux de chômage en dessous de la barre des 5 %. Pour ne prendre qu'un autre exemple, mentionnons le système de *Job Rotation* danois qui consiste, schématiquement, à remplacer un salarié en congé par un chômeur. Le Danemark a l'un des taux de chômage les plus faibles du monde et, selon le programme international d'enquêtes sociales de l'OCDE, les salariés danois se disent les moins stressés par leur avenir professionnel parmi tous les pays membres.

De fortes évolutions à prévoir sur le marché de l'emploi

Quels seront les métiers de demain ? Quel secteur recrutera le plus dans les cinq ou dix ans à venir ? Quel sera le niveau du chômage ? Les prévisions, en matière d'emploi, sont souvent démenties par les faits, car il faut tenir compte de paramètres aléatoires qui vont du comportement même des salariés ou des employeurs aux données de la conjoncture internationale.

Ainsi nous avons tous à l'esprit le fameux « papy boum » qui va se traduire, à partir de 2005, par 650 000 départs annuels à la retraite. Si ces chiffres sont à peu près certains, peut-on en déduire un repli de l'indice de chômage aux alentours de 6 % en 2010 ? Mathématiquement, oui, si on s'en tient à la théorie des vases communicants... Mais tous les départs seront-ils remplacés, les places vacantes trouveront-elles preneurs, l'appel d'air ne va-t-il pas créer un gonflement de la demande, quelle sera l'importance de l'apport migratoire ? Il convient de rester prudents. Les départs massifs de la génération d'après-guerre ne sont pas la panacée, d'autant qu'ils vont peser sur les retraites et donc sur la situation économique. On peut cependant avancer qu'ils créent une situation plutôt favorable sur le front de l'emploi. C'est une opportunité à saisir, mais à préparer.

Avec la même prudence, il est possible de repérer des tendances lourdes qui ont toutes chances d'avoir un impact sur le marché de l'emploi dans la prochaine décennie. Listons les principales :

- **Des renouvellements dus aux départs à la retraite** qui auront lieu surtout dans la fonction publique (avec l'hypothèse de non-remplacement des partants), l'enseignement, le secteur de la banque et des assurances. De nombreux départs à la retraite sont également prévus dans les métiers du bâtiment et de l'artisanat qui, étant des métiers de proximité, ne peuvent pas, de fait, être délocalisés.

- **La création de nouveaux postes** liés à des métiers nouveaux pour l'entreprise, ces postes se situant dans plusieurs domaines :

  - la recherche et développement, en rapport avec la nécessité d'avoir des politiques d'innovation dynamiques,

  - les nouvelles technologies (informatique, téléphonie, Internet, biotechnologie) qui, après une pause, semblent être reparties à la hausse,

  - la santé, tant le vieillissement de la population que les progrès médicaux vont encore développer ce secteur qui manque déjà cruellement de main-d'œuvre (et malgré les difficultés de financement),

  - la formation professionnelle, du fait du développement de la formation tout au long de la vie,

- tous les emplois au siège des entreprises – communication, marketing, juridique (en raisons de la judiciarisation de la société), finance, etc.,

- à ces postes à qualifications plutôt élevées, il faut ajouter tout ce qui est de l'ordre du service à la personne (un besoin accéléré, lui aussi, par le vieillissement de la population, ainsi que par le mode de vie contemporain) et qui demande des qualifications moins élevées : tourisme, hôtellerie et restauration, loisirs, aides aux familles, aux personnes âgées, artisanat pour les travaux de la vie quotidienne... Dénonçons, là encore, une idée fausse : les emplois peu qualifiés ne vont pas disparaître mais au contraire s'accroître considérablement.

● **Des pénuries prévisibles**. Si l'offre existe, la demande ne suivra pas obligatoirement. Certains secteurs comme le bâtiment et les travaux publics, l'artisanat, les métiers de bouche, l'hôtellerie-restauration vont se trouver face à un double problème : des départs à la retraite et une grande difficulté à recruter en raison de leur manque d'attractivité, notamment auprès des jeunes. Certaines entreprises auront sans doute à remettre en cause leurs exigences en matière de conditions de travail, d'horaires, et la cohérence avec les rémunérations proposées.

● **La poursuite des délocalisations**. C'est le propre d'une économie capitaliste de rechercher en permanence des coûts moindres. Mais ces délocalisations d'emplois, en général faiblement qualifiés, qui apparaissent souvent comme « scandaleuses », peuvent avoir des effets positifs. D'abord, en créant de l'activité dans les pays en développement qui manquent cruellement de richesse, elles y génèrent une croissance qui, à terme, peut bénéficier aux pays développés. Ensuite, elles peuvent se traduire, chez nous, par la création d'emplois à forte valeur ajoutée (conception des produits, design, marketing, publi-cité).

● **L'immigration, une fausse solution**. À l'inverse, faudra-t-il ouvrir largement les vannes de l'immigration pour acquérir à moindre coût les compétences qualifiées dont nous aurons besoin ? Deux pistes sont à poursuivre : la première est de revoir les conditions d'attractivité de certains métiers dont les Français se détournent pour faire en sorte que les jeunes, dès aujourd'hui, se forment et soient disponibles sur le marché du travail dans quelques années. La seconde est de privilégier des accords de coopération avec d'autres pays, permettant certes à des personnes d'origine étrangère de venir travailler en France librement, mais pas dans des conditions qui videraient purement et simplement ces pays des cerveaux dont ils ont également besoin pour se développer.

● **Des évolutions inégales**. Selon les grands secteurs d'activité, le développement de l'emploi va suivre des courbes très inégales. C'est évidemment le secteur tertiaire qui connaîtra la plus grande croissance, en particulier les services : service de proximité et service à la personne, mais aussi services informatiques. On estime qu'en 2010, le secteur tertiaire approchera les 20 millions d'emplois sur un total d'un peu plus de 26 millions (75 %). Se pose cependant la question de la solvabilité de la demande de services. Les autres secteurs comme l'industrie ou le bâtiment devraient rester stables ou en légère croissance, l'agriculture continuant sa baisse tendancielle.

Il est urgent d'essayer d'avoir une vision plus détaillée des emplois de demain pour s'y préparer dès maintenant.

Le développement de l'emploi passe par l'innovation

Au-delà de ces mutations dans notre relation au travail et à l'emploi, notre dernier constat porte sur une évidence trop souvent oubliée dans les faits : le seul moyen durable de retrouver un marché dynamique de l'emploi, c'est de développer sensiblement et activement l'offre.

L'erreur, en ce domaine, est de lier l'augmentation de l'offre à la croissance, ce qui conduit à attendre passivement que celle-ci revienne. Plutôt que de se focaliser sur l'idée de croissance, engageons-nous résolument dans le développement des entreprises, et particulièrement des PME[1] qui représentent potentiellement la plus grande source d'emploi, en facilitant leur création, mais surtout en stimulant l'innovation.

À cet égard, il manque à notre pays une véritable politique d'innovation.

Pourquoi le Japon, par exemple, malgré le marasme où il s'enfonce depuis le krach boursier et immobilier de 1990 et une croissance nulle, contient-il son chômage autour des 5 % et reste-t-il la deuxième puissance économique mondiale ? Alors même que c'est un des pays où l'automatisation de la production et des services est la plus poussée ? Cela ne tient pas seulement, comme on le dit trop souvent, à son organisation sociale. C'est surtout que ses dépenses en recherche et développement sont les deuxièmes du monde, juste après celles des États-Unis. Et qu'il ne cesse d'innover.

On peut donc regretter, en France, que le gouvernement ait, dès son arrivée, décidé de baisser les crédits de la recherche publique, qui étaient d'un assez bon niveau, même s'il fallait en effet mettre de l'ordre dans

---

1. Voir aussi le chapitre 4.

nos institutions de recherche. Il semble, heureusement, qu'il ait compris cette erreur.

Mais le secteur privé doit aussi se mobiliser plus qu'il ne le fait et de manière volontariste.

Nous avons tous trop tendance à vouloir pérenniser l'existant, à nous contenter de ce que nous savons faire, ne commençant à nous remuer que lorsque nous sommes poussés par l'urgence et la contrainte. Un indicateur concret est le faible nombre de brevets déposés par les entreprises françaises. Nous disposons pourtant de toute l'intelligence et la créativité nécessaires pour innover, pour inventer les produits et les services de demain qui feront naître de nouveaux métiers et créeront des emplois durables.

Innovation, développement des entreprises, développement de l'emploi : c'est le nouveau cercle vertueux de l'économie dans lequel il nous faut entrer.

Changer de regard sur l'emploi

Il n'y a pas un « problème » global de l'emploi, c'est ce que montrent les réflexions qui précèdent. Mais plutôt un ensemble de problèmes qui ont du mal à trouver leurs solutions, précisément parce qu'on s'en tient depuis 25 ans à des grandes mesures générales, essentiellement curatives.

Celles-ci ne sont pas sans effet sur la masse mais restent impuissantes à résorber les poches de chômage, qu'il s'agisse de catégories de personnes (exclus, personnes peu qualifiées, chômeurs de longue durée, métiers en perte de vitesse…), de bassins d'emplois ou de secteurs d'activités spécifiques.

C'est pourquoi il nous semble qu'il faut changer de regard sur l'emploi, comme change notre représentation du travail, et agir de manière plus préventive et plus ciblée sur les difficultés qui se présentent. En même temps, nous devons aussi renforcer la capacité des entreprises à créer des emplois nouveaux et pérennes par l'innovation. Cette nouvelle dynamique peut se résumer en cinq grands principes d'action :

- Se donner les moyens d'avoir une vision des emplois de demain.

- Miser sur la capacité d'innovation de la recherche publique et des entreprises pour créer des emplois.

- Assouplir le droit du travail pour le rendre plus conforme aux nouvelles façons de travailler, sans précarité pour les salariés.

- Passer du traitement de masse des chômeurs à un accompagnement individualisé.

- Placer les entreprises en face de leurs responsabilités.

La période dans laquelle nous entrons est particulièrement propice à ce changement de regard, puisque, malgré les incertitudes évoquées plus haut, la pression de la demande d'emploi devrait baisser et l'offre s'élargir. Notre pays saura-t-il profiter de cette « fenêtre d'opportunité » pour se mettre en mouvement vers la création d'emploi, après s'être si longtemps figé dans une attitude défensive et quelque peu malthusienne ? Les entreprises que nous représentons sont, pour leur part, prêtes à relever le défi.

Cinq propositions
pour développer l'emploi

Mettre en place des Conseils régionaux pour l'emploi, coordonnés par un Conseil national pour l'emploi

Il ne s'agit pas ici d'accoucher d'une institution de plus mais de fédérer des institutions qui existent déjà, tout en ayant tendance à travailler chacune dans leur coin, quand elles ne sont pas rivales. Afin de trouver des solutions aux problèmes rencontrés, mais aussi de réfléchir à des idées innovantes à mettre en place, l'objectif est d'associer la société civile à cet enjeu, aussi bien au niveau national que local : entreprises, syndicats salariés, branches professionnelles, organismes de recherche d'emploi, collectivités locales, associations, chômeurs, chercheurs, DRH, écoles, universités, organismes de formation professionnelle... Impliquer tous les acteurs dans la réflexion, en amont, est le meilleur moyen de les impliquer dans l'action et de développer une intelligence collective face aux questions qui se posent. C'est à partir d'une connaissance exacte de la situation sur le terrain que l'on peut réussir à définir des objectifs précis, à soutenir les efforts déployés pour les atteindre et à évaluer les résultats obtenus.

Chaque Conseil régional pour l'emploi serait chargé de :

- Proposer des projets ou actions locales pour l'emploi tenant compte de la spécificité du bassin d'emploi.

- Anticiper les besoins des entreprises en terme de compétences en se dotant de connaissances précises sur l'évolution des métiers, en lien avec les représentants locaux des branches professionnelles et les observatoires des métiers.

- Instaurer un partenariat pérenne entre les entreprises, les écoles et les organismes de formation afin d'adapter les cursus au plus près des besoins à court et à moyen terme des entreprises.

- Servir de lieu de médiation et de concertation dans le cas de licenciements collectifs ou de fermetures de sites.

- Constituer périodiquement un état des lieux territorial de l'emploi et de ses évolutions.

Cette instance ne serait pas un lieu de décision mais un lieu d'ouverture, d'échange d'analyses et de bonnes pratiques, ce qui lui permettrait d'être une plus grande force de proposition. Afin d'avoir une réelle influence, les travaux seraient largement diffusés à l'extérieur, et les décideurs locaux devraient justifier de leurs choix face aux propositions émises.

Le Conseil national pour l'emploi, lui, serait chargé de capitaliser les informations et les connaissances et de les diffuser largement au niveau de chaque région, de coordonner des actions globales et de réaliser une veille au niveau international sur les bonnes pratiques dans d'autres pays. Ce Conseil national aurait également pour objectif d'aboutir à une vision nationale des types d'emploi de demain : les métiers pérennes, les nouveaux métiers, ceux qui seront délocalisés et ceux dont la proximité les rend indispensables localement…

D'autres types d'instances ont été créés sur les mêmes principes, tels que le CNDD – Conseil national du développement durable –, installé par Jean-Pierre Raffarin, et le Conseil de développement économique et durable de la ville de Paris, par Bertrand Delanoë.

36 Construire une véritable politique d'innovation

L'innovation, c'est l'emploi de demain. Un gouvernement qui veut développer l'emploi doit donc s'attacher à construire une politique de soutien à l'innovation, en particulier à destination des PME qui n'ont pas toujours la capacité, comme les grandes entreprises, de mettre en place des services de recherche et développement performants.

Cette politique de l'innovation pourrait se développer dans trois directions principales :

- **Élaborer une politique de recherche ambitieuse et à long terme**. Le budget de l'État consacré à la recherche doit être repositionné dans les trois ans au niveau des premiers budgets européens. Deux objectifs doivent être poursuivis : renforcer, d'une part, la recherche publique ; ciblée sur des domaines stratégiques tels que la santé, les technologies de communication, et l'ensemble des champs du développement durable ; et, d'autre part, soutenir la recherche privée par des incitations fiscales, selon des modalités simples, afin qu'elles soient davantage accessibles aux entreprises les plus petites.

- **Encourager les réseaux d'entreprises**. En travaillant ensemble, les entreprises auront plus de facilité à financer et à développer leurs innovations, dans un esprit stimulant de coopération. Il faut les encourager à se constituer en réseau, au niveau local mais aussi européen, selon deux axes : soit entre entreprises complémentaires, soit entre entreprises d'une même filière. Ainsi pourrait-on favoriser les entreprises qui répondent ensemble à un appel d'offre au lieu de les pénaliser. Ou faire en sorte que les aides de l'ANVAR soient plus favorables dans le cas où plusieurs entreprises déposeraient un projet commun de recherche.

- **Créer des services d'aides à l'Innovation**. Les collectivités territoriales pourraient créer de nouveaux services : aide à l'innovation, veille technologique et concurrentielle, facilitation des liens entre les entreprises et les universités et centres de recherche, aide au montage des dossiers de financement. Et des acteurs territoriaux pourraient s'impliquer dans l'animation de structures de ce type, incitant les entreprises à innover et à coopérer entre elles.

37 Promouvoir et organiser les nouvelles formes d'emploi

Le développement de l'emploi passe par l'innovation dans les entreprises, mais aussi l'innovation dans les formes mêmes de l'emploi. Cela demande d'assouplir le code du travail, de capitaliser sur les bonnes pratiques, de structurer les initiatives et de les évaluer (à ce titre, le multisalariat, le portage salarial sont des expériences à suivre) :

* **Promouvoir les groupements d'employeurs et leur permettre de fonctionner comme des entreprises**. Le potentiel de développement des groupements d'employeurs est important car il répond à un besoin réel des entreprises de disposer de certaines compétences à temps partiel. Mais il est nécessaire de mieux les faire connaître et de les relier avec les écoles de formation professionnelle. Et également de lever quelques freins : le CDI, par exemple, y est la règle, ce qui est parfois difficile à gérer pour les entreprises adhérentes. Il faut également permettre aux groupements d'employeurs de mieux s'adapter pour survivre, par exemple en permettant que l'AGS, l'assurance garantie des salaires, puisse intervenir dans le cas où une entreprise adhérente ferait l'objet d'une procédure de liquidation judiciaire. De la même manière, la constitution d'une réserve financière, prélevée sur les bénéfices, permettrait de faire face à la défaillance d'un adhérent et éviterait une rupture de contrat pour le salarié. De façon générale, les groupements d'employeurs doivent pouvoir bénéficier des mêmes aides que les entreprises « classiques ».

Le groupement d'employeurs, c'est quoi ?

Les groupements d'employeurs (GE), créés par la loi en 1985, sont des associations à but économique qui ont pour objectif de mettre à disposition de leurs adhérents de la main-d'œuvre. Les personnes sont salariées du groupement en CDI à temps plein et mises à disposition des entreprises adhérentes du groupement, selon des besoins saisonniers ou des besoins de compétences à temps partiel. Chaque salarié travaille donc pour deux ou trois entreprises différentes. Et chaque entreprise s'engage sur un poste pérenne à temps partiel.

Il existe près de 4 000 groupements d'employeurs en France, dont 3 500 dans l'agriculture, représentant 12 000 salariés. Un nouveau dispositif datant de 1995 permet de créer des GE dans d'autres secteurs. Il existe aujourd'hui 300 de ces nouveaux GE, le plus souvent intersectoriels, et également une centaine de GEIQ (groupements d'employeurs d'insertion par la qualification) qui embauchent des jeunes sans qualification, des demandeurs d'emploi longue durée ou des RMistes. Ces 400 groupements représentent 8 000 salariés.

- **Créer un nouveau type de contrat plus adapté à la réalité de l'entreprise, dont la durée serait liée à un projet**. Il est plus facile et plus efficace d'embaucher un salarié sur une mission précise liée à un projet que sur un temps déterminé. Il serait donc judicieux, parallèlement au CDD, de créer le contrat de projet, un peu à l'image des contrats de pigistes, dans le journalisme, qui sont signés pour la réalisation d'une enquête, d'un reportage ou d'un article. Pour éviter de précariser le salarié, ce contrat devra impérativement définir le cadre précis du projet et assurer une garantie de rémunération pendant la durée du contrat. Des conditions devront faciliter la recherche d'un autre emploi, incluant par exemple le versement d'une prime de précarité, l'allocation d'un temps de recherche d'un nouvel emploi à la fin de la mission, l'intégration du bénéfice de l'accord récent sur la formation professionnelle. Ce type de contrat pourrait être ciblé sur les jeunes à haut niveau de qualification, qui privilégieraient, à ce moment de leur parcours professionnel, un projet porteur de sens plutôt qu'un emploi de longue durée et qui s'inscriraient dans une dynamique de projet, ainsi que sur les seniors.

Lien

Cette proposition est en lien avec la proposition n° 19 du rapport de la commission de Virville publié en janvier 2004 : « *La commission* *préconise de compléter l'éventail des contrats spéciaux existants en créant une nouvelle forme de contrat, ouverte à des cadres ou des personnels qualifiés, notamment des experts, et permettant à un salarié d'être recruté par une entreprise pour participer à la mise en œuvre d'un projet déterminé. Elle y voit un moyen efficace pour clarifier des situations de travail ambiguës et souvent précaires.* »

Comme le craignait la commission elle-même, ce « contrat de projet » a suscité une levée de bouclier de la part des syndicats qui y ont vu une nouvelle forme de précarisation du statut du salarié. Celui-ci risque donc de rester lettre morte. Cette incompréhension du bien-fondé du contrat de projet est d'autant plus regrettable que le rapport de Virville préconisait de l'accompagner des mêmes garde-fous que ceux qui sont énumérés ci-dessus dans la proposition du CJD.

38 Accélérer le retour à l'emploi par une démarche plus individualisée

Le traitement de masse, en matière de chômage, on l'a indiqué, laisse sur le bord de la route de nombreuses personnes pour lesquelles il n'est pas adapté. Nous devrions être capables de mettre en place une démarche personnalisée qui offre à chacun une place dans l'entreprise. L'enjeu est d'augmenter le taux d'activité, en particulier pour les jeunes et les seniors, en segmentant les problématiques, en mettant en place un accompagnement individualisé pour les personnes en difficulté, en développant la formation tout au long de la vie et l'employabilité collective :

• **Organiser un projet national de parrainage d'un chômeur, relayé dans chaque commune.** Le parrainage se traduirait par le fait que des hommes et des femmes, bénévoles et connaissant bien le monde du travail, proposeraient volontairement d'aider un chômeur à trouver un emploi. Il pourrait s'agir de retraités ou de préretraités, de professionnels actifs ou même de cadres au chômage. Le rôle du parrain serait de préparer aux entretiens de recrutement, de conseiller dans les recherches, d'aider à rédiger un CV adapté, etc.

- **Faire de la résorption des chômeurs faiblement ou non quali-fiés une priorité.** L'ANPE pourrait se consacrer à cette mission de service public prioritaire en adaptant ses méthodes aux populations défavorisées et en acquérant un véritable savoir-faire pour l'insertion professionnelle, selon une approche plus qualitative et individualisée.

- **Accompagner l'insertion des publics en difficulté par la forma-tion.** La formation des personnes en difficulté ou des chômeurs longue durée doit être efficace. Au lieu d'être proposée lors de la période de chômage, ce qui a des inconvénients (la mise en pratique ne peut pas se faire, la formation peut ne pas être adaptée aux besoins de l'entreprise...), elle devrait avoir lieu à l'entrée dans l'entreprise. Le dispositif actuel d'évaluation en milieu de travail (EMT) permet de former le chômeur sur une période de un à dix jours, pendant laquelle il reste rémunéré par les Assedic. Cette période devrait être plus importante pour les chômeurs de longue durée et les publics en difficulté, pouvant aller jusqu'à six mois, de façon à véritablement les former à la pratique du métier. Cette formule réduirait le risque et le coût pour l'entreprise de recruter une personne n'ayant pas suffisamment de compétences.

- **Réhabiliter l'importance des seniors dans l'entreprise pour mieux les réintégrer.** L'objectif est d'amorcer un changement culturel, dans un pays qui est lanterne rouge en Europe pour le taux d'activité des 50-60 ans, par une campagne nationale de sensibilisation au fait que les seniors ont énormément à appor-ter dans les entreprises et qu'ils y ont leur place. Cette campa-gne pourrait être financée par les partenaires sociaux, ce qui montrerait ainsi leur engagement pour cette cause. Corrélati-vement, il faut supprimer purement et simplement le principe des préretraites (en ce qui concerne les métiers à forte péni-bilité, les partenaires sociaux pourraient s'entendre sur un âge de départ à la retraite avancé).

- **Renforcer le secteur de l'économie sociale.** La mission des entreprises sociales est de conjuguer initiative économique et solidarité. Ce secteur ne représente, selon les estimations, qu'un peu plus de 3 % du PIB (mais il est difficile d'avoir des chiffres précis, notamment en raison des statuts variés de cette activité). Il devrait être d'autant plus soutenu et renforcé qu'en matière d'emploi, il peut jouer sur les deux tableaux : d'une part, l'embauche des personnes en difficulté ; d'autre part, par la possibilité qui est offerte aux jeunes, aux préretraités, aux demandeurs d'emplois qui cherchent à rebondir, de devenir des entrepreneurs en créant leur propre structure.

39 Placer les entreprises face à leurs responsabilités

- **Offrir une place aux jeunes grâce à l'alternance**. Le taux de chômage des jeunes n'est plus supportable et il ne cesse d'augmenter. Leur intégration dans le monde du travail est pourtant un investissement essentiel pour l'avenir. Sans chercher à créer de nouvelles mesures (il en existe déjà beaucoup), il semblerait utile de revaloriser le dispositif de l'alternance qui n'est pas assez répandu, voire en recul. C'est un bon moyen pour intégrer des jeunes qui refusent la scolarité et pour les familiariser avec le monde de l'entreprise. Il donne d'ailleurs de bons résultats, surtout lorsqu'une réelle coopération se met en place entre l'encadrement scolaire et le tuteur dans l'entreprise. Mais c'est aussi, pour les entreprises, une occasion d'anticiper la pénurie de main-d'œuvre qui se profile en formant ses propres employés. Enfin, les jeunes pourraient s'engager à rester un temps donné dans l'entreprise à la fin du processus, évitant ainsi les déconvenues d'entrepreneurs échaudés qui voient le jeune partir à l'issue de sa formation et qui, dans certains cas, n'ont pas de retour sur investissement.

- **Diversifier les modes de recrutement en pratiquant la mise en situation**. Dans le même esprit, les entreprises doivent développer de nouvelles formes de recrutement. Rappelons qu'une entreprise sur deux éprouve des difficultés à recruter. Au lieu de fonder leur choix sur les CV et les diplômes, au risque, dans certains cas, de laisser échapper le bon candidat, elles pourraient utiliser la mise en situation. Cette solution permet de tester les candidats en quelques heures, en leur demandant de réaliser une action que le poste requiert. Pendant le test, le recruteur peut ainsi juger le candidat, et ce dernier peut également se rendre davantage compte du contenu du poste. Des talents se découvrent, et le recrutement se fait en meilleure connaissance de cause. En outre, cette solution, peu onéreuse et pragmatique, laisse à chacun la chance d'exprimer concrètement ses savoir-faire et de réussir.

- **S'engager dans une politique de non-discrimination**. Pour lutter contre la discrimination et les inégalités face à l'emploi, il faudrait mettre à la disposition des entreprises une grille de critères leur permettant de faire un auto-diagnostic de leur situation à cet égard (car elles ne sont pas toujours conscientes des discriminations dont elles font preuve). Il est nécessaire notamment de former l'encadrement et la maîtrise à l'accueil de personnes culturellement différentes, tel qu'on le fait aujourd'hui pour les cadres internationaux.

chapitre 8

Retraites,
la vie devant soi

Introduction
Inventons des solidarités nouvelles

Le débat sur l'avenir des retraites, essentiellement cantonné à la recherche de nouveaux moyens de financement et limité aux interlocuteurs habituels que sont les partenaires sociaux et l'État, n'est pas, aux yeux du CJD, à la hauteur des enjeux et de la complexité d'une question qui nous concerne tous et qui doit être replacée dans le contexte beaucoup plus large des grandes mutations culturelles, économiques et sociales qui traversent notre époque. Il est temps de remplacer la démagogie ambiante par une approche plus pédagogique du problème pour que nos concitoyens comprennent mieux comment il se pose.

En tant que chefs d'entreprise, il nous semble légitime d'alerter l'opinion sur le coût actuel du financement des retraites et sur son augmentation exponentielle prévisible à court terme. Continuer d'en faire porter le poids entier sur les salariés et les entreprises, c'est compromettre les équilibres économiques et mettre en péril les entreprises, en particulier les PME, qui doivent déjà amortir le choc du passage aux 35 heures.

En tant que mouvement patronal qui s'interroge sur le sens de la performance et qui réfléchit depuis des années sur les changements intervenus dans notre rapport au travail, nous souhaitons réaffirmer fortement qu'il est urgent de sortir d'une vision industrielle et standardisée des temps de la vie, mesurée par un rythme ternaire – éducation, travail, retraite – qui n'a plus de sens aujourd'hui. Nous voulons apporter ici un éclairage nouveau, en posant différemment le problème des retraites et en l'inscrivant dans les perspectives manifestes d'évolution des modes de vie des individus. Or, nos institutions et notre système de protection sociale, rigides et cloisonnés, sont désormais incapables de prendre en compte ces temps sociaux aux frontières moins marquées. Notre vie sera de plus en plus construite selon une alternance entre des périodes de formation, de travail, de retrait volontaire ou subi mais aussi d'activités bénévoles, de réalisation de projets personnels. Il faut inventer d'autres outils de mesures, concevoir une nouvelle manière de gérer la protection sociale à laquelle chacun à droit tout au long de sa vie.

En tant que citoyens, nous ne pouvons plus supporter que soit bafoué le principe de solidarité qui était inscrit dans la loi de 1945. À force de compromis, de dérives financières et d'amendements corporatistes, le système par répartition est devenu totalement injuste, organisant une solidarité à l'envers, des plus pauvres vers les plus riches. De la même manière, nous qui sommes des jeunes dirigeants, nous ne pouvons admettre que la génération précédente ne plombe notre avenir et encore plus celui de nos enfants. Car la solidarité intergénérationnelle s'est, elle aussi, inversée, en raison notamment du vieillissement de la population. L'effort financier collectif consenti par notre société envers les plus de 60 ans est quatre fois supérieur à celui qui est offert pour la formation des moins de 20 ans. Il ne s'agit pas ici de défendre nos intérêts immédiats mais de faire preuve d'esprit de responsabilité. Le bien-être futur de tous, y compris des retraités, repose sur une véritable dynamique de développement de la société et passe donc par un rééquilibrage de l'investissement à destination des jeunes générations.

En tant qu'Européens, enfin, il nous paraît important de rappeler que les décisions que notre pays doit prendre en matière de retraite peuvent certes s'inspirer de celles qui ont été prises par d'autres pays mais ont surtout besoin d'être pensées dans le cadre d'une convergence avec les autres systèmes de l'Union et de la création, le plus rapidement possible, d'un système social commun répondant aux mêmes exigences de justice et de solidarité et permettant d'éviter des différentiels de compétitivité fondés sur le dumping social.

Dans le roman d'Émile Ajar (en réalité Romain Gary), *La vie devant soi*, l'amour qui lie le jeune Momo et la vieille madame Rosa leur permet de retrouver un sens à leur existence et de faire face aux épreuves de la vie : solitude, pauvreté, maladie. L'un échappe ainsi à la rue et l'autre au mouroir d'un hôpital. Cette histoire forte d'une solidarité entre deux générations, entre deux personnes que tout devrait opposer est aussi une image symbolique de la manière dont il nous semble désormais nécessaire de penser la retraite.

Celle-ci ne doit plus être considérée comme une mise sur la touche, comme un aboutissement ou, pire, comme la fin de la vie. Celui qui se retire de la vie professionnelle n'en devient pas pour autant « inactif ». Il garde son utilité sociale, il acquiert plus de temps pour réaliser ses projets et peut-être aussi pour s'ouvrir aux autres, pour agir dans la cité. Il a encore, pour de nombreuses années, « la vie devant soi ».

Mais cette espérance d'une seconde vie, pleine et entière, ne doit pas peser injustement sur les espoirs de ceux qui commencent la leur. Chacun, à chaque moment, a sa vie devant lui. Et le rôle d'une société moderne et de ses dirigeants – dont font partie aussi les chefs d'entreprise – est d'aider à ce que cette vie ne soit pas subie mais choisie.

Il nous faut sortir des solidarités virtuelles, inscrites dans les lois et les discours mais, en réalité, trop souvent inopérantes sur le terrain, parce qu'imposées d'en haut. Car la solidarité est une valeur qui ne peut rester vivante et efficace que si elle est portée par une autre valeur, tout aussi importante, la responsabilité. Comment être tous réellement, pleinement solidaires, si nous ne nous sentons pas chacun également responsables des autres et du devenir de notre société ?

Solidarité et responsabilité sont deux principes qui guident l'action du CJD depuis sa création. Ils ont inspiré notre réflexion dans cette « lettre ouverte » qui est une invitation à inventer tous ensemble notre avenir.[1]

La retraite, une réalité complexe

En France, depuis le « Livre blanc » de Michel Rocard en 1991, le dossier des retraites a vu alterner les rapports (Charpin, Teulade et celui, tout récent, du

---

1. Ce texte a été publié en février 2002, soit plus d'un an avant la réforme des retraites mise en place par le gouvernement de Jean-Pierre Raffarin. Cette réforme, si elle constitue une petite avancée, est malheureusement loin de répondre, à nos yeux, aux enjeux que nous relevions dans cette étude. La plupart des questions qu'elle pose attendent toujours des réponses.

Conseil d'orientation des retraites), les mesures gouvernementales (le plan Balladur de 1993, le fonds de garantie de Jospin en 2000) et les mouvements sociaux (novembre et décembre 1995, suite au plan Juppé).

Si tout le monde est à peu près d'accord sur le diagnostic – la faillite inévitable du système, selon son mode actuel de financement –, la polémique fait rage, entre les partenaires sociaux, sur les solutions à apporter.

Volontairement ou non, la plupart des décideurs se cachent derrière des positions idéologiques pour éviter d'avoir à faire face à la réalité. C'est ce refus de la réalité, plus que le problème des retraites en lui-même, qui risque de nous mener à la catastrophe puisqu'il reporte la recherche de solutions aux toujours prochaines échéances électorales[1].

Pourtant, la compréhension claire de la situation périlleuse dans laquelle se trouvent nos régimes de retraites et son acceptation par le plus grand nombre serait le meilleur chemin pour trouver des réponses nouvelles et ambitieuses à une question qui dépasse de beaucoup la seule vision financière qu'on en a le plus souvent.

Essayons de résumer en quels termes se pose cette réalité complexe que cache le mot « retraite ».

Des évolutions démographiques considérables

On a coutume de dire que les difficultés prévisibles du financement des retraites sont dues à un « déséquilibre démographique » dans le rapport entre actifs et retraités. Il ne faudrait pourtant pas en déduire, comme le

---

1. À cet égard, la réforme de juin 2003 n'apporte de solutions qu'à court terme.

font certains, que l'on pourrait en revenir à l'équilibre antérieur par un quelconque tour de passe-passe.

Le problème est celui du rapport entre le taux de natalité et l'espérance de vie : doit-on faire plus d'enfants parce qu'on vit plus longtemps ?

Il est nécessaire, au contraire, de s'attacher aux conditions de mise en œuvre d'un nouvel équilibre qui tienne compte du fait majeur de ces 50 dernières années : le vieillissement des populations occidentales.

L'évolution du nombre de personnes âgées de plus de 60 ans est une tendance lourde, qui résulte notamment des progrès de la santé publique et de l'amélioration des conditions de vie. La durée de vie s'allonge d'un trimestre par an et a augmenté de plus de 20 ans en 50 ans. On estime ainsi que l'espérance de vie à la naissance devrait passer, pour les hommes, de 75 ans aujourd'hui à 81 ans en 2040, et de 82 à 89 pour les femmes. La proportion des personnes âgées de plus de 60 ans passerait de 20 % de la population totale en 1995 à 33 % en 2040.

Aujourd'hui, notre pyramide des âges est dite en « meule de paille », selon l'expression imagée des démographes, ou en urne, c'est-à-dire avec un léger renflement au niveau des générations adultes. Mais elle est en passe de devenir un cylindre, voire une pyramide inversée : un nombre des plus de 60 ans supérieur à celui des moins de 20 ans.

C'est une situation inconnue depuis que l'homme existe et encore inimaginable, il y a un demi-siècle.

Sans doute est-ce pour cette raison que l'on a du mal à mesurer les effets prévisibles de ce « choc » démographique, de cette mutation sociologique aux conséquences aussi radicales qu'une mutation génétique. On pourrait parler, pour nos sociétés, d'« organisations sociologiquement modifiées » par cette inversion démographique inédite.

D'autant que cette lame de fond est renforcée par d'autres phénomènes. Non seulement nous mourons plus tard, mais nous restons plus longtemps en bonne santé. Nous sommes donc capables de garder une activité quasi normale bien au-delà de 60 ans, surtout s'il s'agit d'une activité tertiaire, si on travaille dans les services, dans l'immatériel, ce qui est désormais le cas de la majorité d'entre nous. Celui qui a su gérer son employabilité et s'entretenir intellectuellement reste ainsi souvent aussi compétitif que ses cadets, voire plus performant parce que plus riche d'expériences.

Ce constat est à mettre en perspective avec une problématique du taux d'emploi spécifique à la France : la population des 15-64 ans qui travaille y est plus faible que dans les autres pays développés. Ce taux est en effet de 60 % dans notre pays, à comparer aux 72 % de Suède, 74 % des États-Unis ou 76 % du Danemark. Sous couvert de réduction du chômage, nous avons, d'un côté, retardé l'entrée des jeunes dans la vie active et, à l'autre bout, poussé les travailleurs en préretraite de façon massive, créant une véritable culture du départ précoce sur laquelle il est difficile de revenir. Ces erreurs stratégiques, dues à une recherche d'efficacité à court terme, sont d'autant plus dommageables qu'elles sont dangereuses à long terme. Le Danemark, qui a le plus fort taux d'emploi, est aussi un des pays qui a le taux de chômage le plus faible. La France, par ses solutions malthusiennes, se retrouve dans une position inverse. Et, paradoxe, les départs précoces n'ont même pas pu empêcher le vieillissement de la population active.

Mais vieillissement démographique rime-t-il nécessairement avec vieillissement sociétal et déclin économique ?

Il faut considérer le vieillissement comme un tout, touchant toutes les tranches d'âge et toutes les catégories de population et ayant de forts impacts culturels et socioculturels. Il est intéressant de se demander en quoi il « percute » la société dans son fonctionnement, son évolution, sa vision de l'avenir.

Pourtant éminemment prévisible, nos gouvernements et nos institutions n'ont pas su ou voulu l'anticiper et nous devons faire face aujourd'hui à l'urgence de caisses de retraites qui vont se trouver très rapidement en grande difficulté. Mais ces problèmes, s'il convient de les traiter, ne doivent pas masquer les changements plus profonds qui sont en cours.

Le vieillissement de nos sociétés n'est pas une difficulté conjoncturelle qu'il faudrait combattre, par exemple, par une politique nataliste effrénée, mais une réalité durable qu'il faut prendre en compte et accompagner par des mesures appropriées, jusqu'à ce que nos sociétés trouvent une nouvelle forme d'équilibre démographique, correspondant certainement à une autre manière d'appréhender les âges de la vie.

Un changement des modes de vie et des logiques culturelles

Les conséquences concrètes de cette mutation démographique, il est déjà possible d'en percevoir les signes avant-coureurs dans les changements qui s'opèrent sur nos modes de vie.

La mutation des temps sociaux

Au premier chef, notre rapport à la durée est largement en train de se modifier et nous percevons que nous avons du temps pour plusieurs vies. Prenons l'exemple du mariage. La forte croissance des divorces à laquelle on assiste n'empêche pas qu'en moyenne, chaque couple formé vit plutôt plus longtemps ensemble qu'auparavant. Autrefois, en raison du mariage tardif des hommes, de la forte mortalité des femmes à l'accouchement et d'une espérance de vie limitée pour tous, une union ne dépassait guère les 10-12 ans. Aujourd'hui, il est possible de se marier à 20 ans et de se remarier à 40 et à 60 ans, pour vivre ainsi trois unions de 15 ou 20 ans...

De même, en l'état actuel des choses, de plus en plus de nos contemporains vont bénéficier d'un temps de retraite presque aussi long que leur temps d'activité (l'espérance de vie à compter de la retraite est aujourd'hui de plus de 20 ans). Si on ajoute à cela la période de l'enfance et des études – de plus en plus longues –, qui précède l'entrée dans la vie dite active, et la réduction du temps de travail annuel, le temps total consacré aux activités professionnelles se réduit à moins de 15 % de notre temps de vie éveillée (un ouvrier du début du XIXe siècle passait, lui, 70 % de son temps éveillé à gagner son pain).

Dès lors que chacun dispose d'un temps non professionnel aussi important dans son existence, plusieurs questions se posent à la fois à nos sociétés et à chacun d'entre nous : que faire du temps disponible ? Comment organiser ces nouveaux temps de vie ? Comment financer cette liberté et ces loisirs ? Et, finalement, qu'est-ce que peut vouloir dire « prendre sa retraite » dans un tel contexte ?

Naguère, retraite se conjuguait avec vieillesse, fatigue physique, besoin de repos. Le concept est d'ailleurs plus ancien qu'on ne le croit généralement. Il remonte à Colbert, le célèbre ministre de Louis XIV qui versait des pensions à d'anciens marins ou militaires devenus invalides pour le service, afin de subvenir à leurs besoins. Ainsi, l'idée de retraite dérive de celle d'invalidité, au sens d'une incapacité à exercer un emploi.

Cette conception était encore valable en 1945, au moment de la généralisation des retraites : l'espérance de vie ne dépassait pas 60 ans et beaucoup de travaux étaient encore très pénibles. Dans la civilisation rurale qui était encore prédominante au début du XXe siècle, tout individu avait une utilité sociale de l'âge de quatre à cinq ans jusqu'à sa mort.

Qu'en est-il aujourd'hui ? Le repos « bien mérité » est aussi, pour beaucoup de nos contemporains, synonyme d'exclusion. En fait, pour la plupart des personnes, l'aspiration à l'utilité, à la reconnaissance, à la considération sociale subsiste au moment de la retraite. La possibilité d'avoir une retraite active doit répondre à ce besoin d'utilité sociale. Les retraités ont ainsi à jouer un rôle essentiel pour préserver les liens sociaux et sociétaux, en particulier par le contact entre les générations, dans le cercle familial mais aussi au-delà (entre voisins, dans des associations). Ils doivent être reconnus pour les services rendus, pour la mémoire qu'ils conservent et pour ce qu'ils transmettent aux générations qui les suivent.

Le temps de la retraite ne saurait donc plus être celui du retrait ou de la non-activité, mais d'une activité différente, la plupart du temps hors du secteur marchand, fondée sur le bénévolat, la transmission des savoirs, la relation sociale.

Quoi qu'il en soit de son financement, il faut d'abord repenser la retraite en termes de valeurs humaines et sociales, s'interroger sur son utilité et sur la signification qu'on peut lui donner pour les années à venir.

S'interroger sur le rôle de la retraite, c'est aussi être amené à reconsidérer l'organisation même de nos temps sociaux. Peut-on encore raisonnablement se satisfaire du rythme à trois temps de la société industrielle : l'apprentissage pendant l'enfance et l'adolescence, le travail pour les adultes et l'inactivité pour les « vieux » ?

Cette construction cloisonnée et rationalisée pour les besoins de la production de masse ne tient plus. Les frontières entre ces différentes périodes sont de plus en plus perméables et floues. La formation ne s'arrête plus à 20 ans, on peut se retrouver « inactif » à tout moment et, on l'a vu, rester très actif au-delà de 60 ou 65 ans. Les âges couperets n'ont plus de sens. La vie sociale et professionnelle est désormais plus souple. Pourquoi ne pourrait-on pas faire retraite, pour un an ou deux, à 35 ou 40 ans, afin de faire le point sur son parcours et se réorienter ? Pourquoi ne pas retourner à l'université à 70 ans pour acquérir de nouvelles connaissances (cela se fait déjà) ? Pourquoi être obligé d'enchaîner les études supérieures au sortir du bac, alors qu'un engagement dans la vie active pendant deux ou trois ans permettrait à beaucoup de jeunes de mieux choisir leur parcours professionnel ? Chacun est un cas particulier qui doit avoir loisir de construire son propre parcours et non suivre une chronologie prédéterminée des cycles de vie. Et pourtant, aujourd'hui encore, en particulier dans la vie professionnelle, tout semble se concentrer sur la courte période des 30-45 ans au cours de laquelle les choix qui auront été faits vont déterminer le reste de l'existence.

La question de la retraite n'est au fond qu'un des bouts de la pelote des fils des temps sociaux qu'il faut apprendre à tramer différemment parce que le tissu de nos existences ressemble plus aujourd'hui à un patchwork coloré qu'à une pièce unie et continue.

Nous passons de l'ère du prêt-à-porter de masse à celle du sur-mesure pour tous.

Les fausses solutions du recours à une politique nataliste ou à l'immigration

La période de fécondité constitue également un des bouts de la pelote de temps sociaux. Elle répond à des changements culturels et socioprofessionnels de même nature.

De plus en plus diplômées, de nombreuses femmes cherchent à mener un projet professionnel avant un projet familial. Ce phénomène, ajouté à la nécessité, dans de nombreux cas, d'apporter un deuxième salaire au foyer, retarde l'arrivée du premier enfant.

De 1964 à 1976, le taux de fécondité, en France, a baissé sur toutes les tranches d'âge. Depuis 1976, son apparente stabilité, qui oscille entre 1,7 et 1,9, cache une réalité préoccupante : il continue à diminuer avant 30 ans et augmente au-delà.

Il est en fait très difficile de vouloir maintenir un taux de fécondité à 2,1 de façon durable. La Suède illustre bien ce phénomène. Les incitations (congés parentaux, accueil des enfants) ont fait augmenter la natalité de 1,5 en 1986 jusqu'à 2,1, dans les années qui ont suivi, pour revenir aujourd'hui à 1,5.

Il semblerait que les familles, dans nos sociétés, ont culturellement et professionnellement fixé leur désir d'enfants à deux.

Ce n'est donc pas du côté des politiques familiales et du natalisme qu'il faut chercher des solutions au déséquilibre démographique et au financement des retraites, même si des mesures incitatives peuvent ponctuellement soutenir la natalité.

A contrario, il faut faire attention aux décisions prises en matière de prélèvements complémentaires et à leur impact sur les naissances. Car, si les ressources d'un couple s'avèrent insuffisantes, en raison notamment de l'ensemble des prélèvements obligatoires, un arbitrage peut être fait sur les naissances. Un compromis sera à trouver entre ce qui est prélevé pour les plus âgés et ce qu'il faut mettre en œuvre pour la jeunesse.

L'ensemble de ces constats montre bien que se pose un problème de descendance qui ne peut pas être ignoré mais que l'on ne résoudra pas par décret.

Certains en appellent alors à une réouverture des robinets de l'immigration.

Il est fort probable que nous assisterons, dans les prochaines années, à une accélération des flux migratoires. Cela ne saurait pourtant être la réponse miracle à nos difficultés démographiques : d'abord, parce que nous sommes, sur ce chapitre, en concurrence avec tous les autres pays européens ; mais, surtout, parce que l'immigration massive pose à la fois des problèmes d'intégration et des problèmes éthiques.

Derrière cette question de l'immigration apparaît en fait une illusion économique : accueillir, éduquer, insérer, loger toutes ces familles coûterait en reversements sociaux, dans un premier temps, assez long, plus que cela ne rapporterait en cotisations.

Sous l'angle éthique, serait-il correct d'organiser la fuite des cerveaux de pays qui en ont le plus grand besoin pour organiser leur développement ? Car il s'agit bien, dans l'économie nouvelle, de faire venir des cerveaux plutôt que des bras, comme dans les années 1960. Et, précisément, pourquoi les déraciner puisque la société de communication et les nouvelles technologies permettent de travailler à distance ?

La question de l'immigration est complexe. Elle ne peut donc pas être traitée de façon mécaniste et quantitative, comme par le passé, sans tenir compte à la fois des réalités sociologiques et des changements technologiques. Elle doit être étudiée avec attention, dans une logique gagnant, gagnant. Si l'immigration a toujours eu des conséquences économiques et culturelles positives dans notre pays, ces résultats ne peuvent être envisagés que sur le long terme.

Le risque de dérive gérontocratique

Enfin, dernière tendance lourde, l'apparition d'une classe sociale de plus en plus nombreuse de « retraités » présente, pour nos sociétés, un risque à la fois culturel, économique et politique :

- Culturel parce que le vieillissement intellectuel pourrait entraîner un rejet de toutes les initiatives créatrices des jeunes et un repli global sur des valeurs conservatrices, empêchant l'émergence de nouvelles valeurs.

- Économique parce que les retraités, détenteurs d'une grande partie de la puissance financière, ne sont pas forcément enclins à investir dans l'innovation et le capital risque, préférant s'assurer une rentabilité plus tranquille de leurs avoirs.

- Politique parce que, de même, ils peuvent être amenés à élire de préférence des hommes politiques qui leur ressemblent et qui les protègent, au détriment du renouvellement nécessaire de la classe politique et des idées qu'elle représente.

Le meilleur moyen d'éviter cette éventuelle dérive gérontocratique est, une fois encore, d'associer les « anciens » à la dynamique sociale, en leur permettant de continuer à être actifs le plus longtemps possible et les amenant à se sentir responsables de l'avenir de toutes les générations.

Des choix ambigus dans un paysage économique nouveau

Depuis 25 ans, les crises économiques successives ont le plus souvent conduit les décideurs – politiques et partenaires sociaux – à s'attaquer aux difficultés dans l'urgence, au fur et à mesure qu'elles se présentaient. Faute d'une vision à long terme, d'une véritable réflexion et d'une évaluation concrète des conséquences de chaque mesure, des choix « par défaut » ont été faits. On a, par exemple, longtemps préféré protéger les salariés, au détriment de la création d'emplois, ou privilégier la redistribution sociale par rapport à la création de richesses. Il en a été également ainsi dans le domaine des retraites qui a donné lieu à des choix d'investissement en faveur des plus âgés et au détriment des jeunes générations.

Privilégier les anciens plutôt que la jeunesse ?

Plus de 180 milliards d'euros sont aujourd'hui consacrés au versement des retraites, près de 140 à la santé, dont la moitié à destination des personnes âgées. Ces chiffres sont à comparer aux 30 milliards d'euros des prestations familiales, aux 45 milliards pour l'emploi et aux 75 milliards pour l'éducation et la formation. Les prestations familiales, aide au logement comprise, représentaient 40 % des dépenses sociales en 1946. Elles ne représentent plus que 13 % en 1995.

On ne peut que constater cette « socialisation » de l'entretien des personnes âgées : 80 % de leurs ressources proviennent des revenus de transfert des actifs, tandis que 80 % des coûts d'éducation et de formation sont « privatisés », c'est-à-dire à la charge des parents.

Il ne s'agit ni de condamner la nécessaire solidarité entre les générations, ni le principe d'une protection des retraités mais de s'interroger sur l'équilibre des choix d'une société désireuse d'assurer son avenir.

Même en période de turbulence, ne faut-il pas continuer à investir sur la jeunesse, sur l'éducation et sur l'élévation du taux d'emploi plutôt que de tout consacrer à l'urgence du financement de la retraite ? Dans une économie développée, donc à forte valeur ajoutée, l'investissement dans l'éducation est un facteur essentiel de compétitivité pour les entreprises.

La situation est d'autant plus ambiguë que, jusqu'à un passé récent, les actifs nombreux, qui cotisaient pour leurs aînés, ont vu leur niveau et leurs conditions de vie s'améliorer significativement tout en permettant aux retraités d'assurer financièrement leur existence. Tout semblait aller pour le mieux. Aujourd'hui, cette évolution s'est fortement infléchie, on peut même se demander si les nouvelles générations vivront aussi bien que les précédentes. Or, c'est au moment où l'inquiétude est la plus vive sur l'avenir des retraites que l'on constate que les retraités détiennent l'essentiel du patrimoine (on parle de 60 % du patrimoine en France détenu par les plus de 60 ans dans les dix prochaines années). Peut-on encore parler de solidarité ? Comment peut-elle encore être vécue comme telle par les nouvelles générations ? Certes, on estime que plus de 80 milliards d'euros sont redistribués, au sein des familles, des plus âgés vers les plus jeunes. Mais cette solidarité, familiale et non sociale, reste très inégale.

En même temps, la « richesse » patrimoniale des retraités est une source de dangers puisqu'elle influe sur la financiarisation de notre économie qui risque de devenir une économie de rentiers plus que d'investisseurs, de gestionnaires plus que d'innovateurs. D'un autre côté, parce que rien n'est simple, le poids économique des retraités est aussi un facteur important de la bonne tenue de la consommation. S'ils ont moins d'argent, ne vont-ils pas provoquer la faiblesse de certains secteurs et précipiter le ralentissement économique ?

La pression sur les actifs est encore augmentée en France par le nombre très important d'emplois aidés, qui bénéficient eux aussi de la solidarité publique et sont donc, au total, peu contributifs pour la retraite. La population active était de 27 millions en 1999 (inclus les chômeurs comptabilisés dans la population active) et environ 22 millions en 1973. Si on ne retient dans ces chiffres que les emplois dits « hors mesures » ou non aidés, on aboutit à 21 millions d'actifs, chiffre inférieur à celui de 1973[1]. Entre 2006 et 2040, l'Insee prévoit une diminution de 2 millions d'actifs.

---

1. Emplois non aidés ou « hors mesure » : emplois pour lesquels les entreprises n'ont reçu ou ne reçoivent aucune aide publique.

Ces éléments montrent bien que l'on comprime de plus en plus la base sur laquelle repose le financement de la protection sociale.

Un système aux prises avec la concurrence mondiale

Faut-il rappeler, également, que ni la France ni l'Europe ne sont des îlots isolés. Même s'il se prétend le « meilleur du monde », le système social français n'est pas à l'abri de la concurrence mondiale. La mondialisation des retraites se développe sous diverses formes. D'un côté, les retraités américains trouvent chez nous une partie de leur revenu au travers de leurs fonds de pension, et, à l'autre bout, il ne faut pas oublier qu'au moins 4 milliards d'hommes et de femmes dans le monde n'ont, à ce jour, aucun espoir de toucher la moindre retraite. Ils constituent, si l'on est cynique, une concurrence forte qui pourrait tenter des entreprises trop lourdement grevées de cotisations sociales. Ils représentent, dans la perspective humaniste qui est celle du CJD, un scandale auquel il faudra bien s'attaquer, pour réparer une injustice mais aussi, plus pragmatiquement, pour éviter que notre égoïsme de possédants ne fasse se retourner contre nous ces populations.

La mondialisation économique, pour être acceptable et durable, doit être accompagnée d'une mondialisation de la solidarité.

Même au niveau européen, nous n'échapperons pas, de la part des entreprises, à une sorte de benchmarking entre États. Chacun des pays européens cherche actuellement à réformer sa politique sociale. Pour ne prendre qu'un exemple, l'Allemagne, qui connaît une situation démographique grave puisqu'il est prévu que sa population passe de 75 millions actuellement à 60 millions vers 2035, a pris les mesures suivantes : baisse du taux de remplacement des retraites de façon à ne pas impacter les cotisations sur les salaires et décision que le montant global de prélèvement retraite ne peut excéder

22 % du salaire. La baisse de taux est compensée par l'impôt et la possibilité d'investir dans des fonds de pension avec une aide de l'État : aide financière ou crédit d'impôt. Cette situation revient à faire porter par la communauté nationale le retard de solidarité du passé.

Ainsi, un pays qui n'aurait pas pris de mesures efficaces, tant pour régler la question des retraites que pour soutenir la dynamique innovatrice et l'éducation de sa jeunesse, risquerait de voir s'effondrer son pouvoir d'attractivité économique.

On ne saurait donc penser à une réforme des retraites sans tenir compte de l'environnement européen et mondial.

La prise en compte des mutations du travail

Enfin, cette réforme est aussi à replacer dans le cadre des mutations du travail. Si nous n'en sommes pas à la « fin du travail », selon l'expression de certains économistes, il est clair que nous ne travaillons déjà plus comme nos parents dans l'idée d'une carrière à plein temps, toute la vie dans la même entreprise. Sans revenir sur les analyses nombreuses qui ont été faites ces dernières années, notamment par le CJD[1], rappelons rapidement les grandes caractéristiques de ce changement dans notre rapport au travail :

- Le chômage, massif et durable – et dont nous sommes malheureusement loin d'être sortis –, a été le déclencheur de la prise de conscience ; si le travail est un facteur de reconnaissance et de lien social, il ne peut plus être le seul. Il y a donc une vie en dehors du travail, une vie sociale et personnelle que de moins

---

1. Voir par exemple : Construire le travail de demain, CJD, Les Éditions d'Organisation, 1993 ; L'entreprise au XXIᵉ siècle, CJD, Flammarion, 1996 ; Pour l'entreprise, l'Homme est capital, CJD, Vetter Éditions, 1998 ; ou encore le rapport du CJD : « Vers l'entreprise à la carte », octobre 1995

en moins de jeunes sont prêts à sacrifier sur l'autel de l'entreprise.

- Corrélativement, le progrès technique, en augmentant la productivité, continue de permettre globalement la réduction du temps de travail. Qu'on ait voulu, dans notre pays, anticiper cette tendance et imposer un peu trop drastiquement cette réduction ne doit pas masquer le fait que nous allons continuer à travailler de moins en moins.

- Nous allons sans doute aussi travailler de plus en plus irrégulièrement, en alternant notre activité avec des périodes de chômage ou de formation, avec des années sabbatiques ou encore en changeant fréquemment de statut – salariat, profession libérale, multiactivité –, de métier ou de région, voire de pays.

Ces nouvelles façons de travailler sont la conséquence de notre entrée dans la société de l'information qui rompt avec le rigorisme chronologique dont avait besoin la société industrielle. Si l'on parle de flexibilité du travail, c'est que notre temps lui-même est devenu plus flexible, moins soumis au chronomètre taylorien. L'économie immatérielle qui occupe désormais largement l'horizon productif n'est plus cadencée par la force des bras mais nourrie de matière grise. À quels moments, de la journée ou de l'existence, le cerveau est-il le plus apte à travailler, à inventer, à créer ? Quand doit-il prendre sa retraite ?

Pour penser les nouveaux modes de travail, faut-il regarder du côté de l'ouvrier posté ou du côté des écrivains, des artistes, des créateurs ?

Le travail, tel qu'on le conçoit depuis deux siècles, sera de moins en moins la valeur sociale unique :

Est-il raisonnable de continuer à faire reposer l'édifice de la retraite, intellectuellement, socialement et financièrement, sur ce seul pilier ?

Les dysfonctionnements et les limites du système actuel

Dans le cadre général qui précède, le système de protection sociale lui-même est en crise : d'une part, il a été conçu pour une société stable, dont on pensait les évolutions prévisibles et qui raisonnait en termes de planification ; d'autre part, il s'y est ajouté, au fil du temps et des accords partenariaux, des excroissances, des dérogations, des privilèges qui le rendent de plus en plus difficilement gérable mais surtout illisible et souvent contre-productif. La liste est longue de ses dysfonctionnements. Contentons-nous ici de ne rappeler que les plus flagrants.

Répartition mal comprise

Dans le farouche débat qui a eu lieu entre capitalisation et répartition, ces dernières années, peu de gens comprennent, en réalité, comment fonctionne notre système dit de répartition.

Soulignons d'abord, pour l'anecdote, qu'en 1945, au moment de la mise en place du système, la capitalisation n'a pas été rejetée pour des raisons idéologiques mais au contraire très pragmatiques. On avait encore en tête la grande crise des années 1930 et il ne paraissait pas prudent d'adosser les retraites à la Bourse. C'est ainsi, pour des raisons de sécurité, que le choix de la répartition s'est imposé.

La répartition repose sur le principe de solidarité entre les générations : les cotisations versées par les actifs sont redistribuées aux retraités. Cela veut dire, en théorie, que le versement des droits accumulés sera fonction de la situation économique au moment de la liquidation. Autrement dit, le système prévoit que les retraités ne seront payés qu'en proportion des cotisations du moment et non de celles qu'on a versées au long de sa vie professionnelle. La croissance et un rapport favorable entre actifs et retraités ont laissé croire que cela donnait automatiquement lieu à un taux de remplacement élevé du dernier salaire (de 70 à 80 %).

Cette perception d'un droit à recevoir proportionnel à ce qu'on a accumulé est particulièrement ancrée dans les esprits, en particulier dans celui des retraités eux-mêmes. Elle sera d'autant plus difficile à modifier que ceux qui en profitent largement aujourd'hui n'ont pas intérêt à faire montre de bonne volonté compréhensive. En ce qui concerne les plus jeunes, pour lesquels l'histoire de la protection sociale est inconnue et ne leur a pas été enseignée (et ils ne sont peut-être pas les seuls), la dimension solidaire du système ne leur apparaît pas, elle est totalement absente de leur culture. Une catégorie d'entre eux (sans doute les mieux avertis) considère que la solidarité évoquée ne jouera pas pour eux dans le futur.

Les cotisants retiennent donc, pour la plupart, qu'ils se constituent progressivement une retraite, ce qui est finalement une démarche individuelle assimilable à la capitalisation. Ils confondent répartition et capitalisation et perdent de vue l'idée de solidarité intergénérationnelle.

À l'inverse, ils ne voient pas que les revenus qu'ils pourront tirer de la capitalisation dépendent aussi de la réalité économique du moment. La capitalisation est une forme de répartition intergénérationnelle en fonction du « gâteau » produit par le revenu du capital. Si la retraite n'était financée que par le capital, la part du PIB allant à celui-ci devrait être encore plus importante qu'aujourd'hui, accroissant la financiarisation de l'économie et les risques qui en découlent. De même, transformer sa fortune en rente viagère revient à faire racheter progressivement par les actifs ce qui leur aurait été gracieusement transmis par héritage ou par donation-partage, une autre manière de peser sur les générations montantes.

En fait, répartition et capitalisation sont des systèmes assez proches qu'il est absurde d'opposer de manière idéologique, car toutes les deux ne sont efficaces que si l'économie fonctionne bien. Elles sont complémentaires. La première s'appuie sur les salaires et la seconde sur les revenus du capital.

Solidarité en trompe-l'œil

La loi de 1945 se voulait être un acte fondateur à vocation universelle. Elle s'est confrontée aux poids des corporations et des régimes déjà existants qui ont mis en pièce l'universalité décidée et, de ce fait, ont gravement altéré la dimension solidaire du système.

Cela s'est traduit par la création ou le maintien de régimes propres à des catégories professionnelles ou socio-professionnelles (ex. : les cadres). On distingue dans la mise en place de ces régimes de nombreuses disparités et inégalités :

- **Maintien de régimes spéciaux**. Régimes à l'« italienne » parce qu'ils assurent un taux de remplacement très élevé, rendant inutile le recours à des retraites complémentaires. Les perspectives démographiques et financières de ces régimes sont catastrophiques. Ils sont déjà déficitaires, l'État, et donc le contribuable, compensant les engagements que les seuls régimes ne peuvent tenir. À titre d'illustration, le régime des fonctionnaires représente 28 % de la masse des retraites pour 20 % des effectifs.

- **Les deux étages du régime général**. Celui-ci est constitué du régime de base et des caisses complémentaires, AGIRC et ARRCO. L'AGIRC a d'abord profité de l'augmentation de ses effectifs, il suffisait de cotiser modestement pour verser des pensions convenables. L'évolution démographique de cette population a rendu ce régime déficitaire. Il a maintenant recours à la solidarité, celle de l'ARRCO. Exemple analogue, la CPPOSS, caisse du personnel de Sécurité sociale qui, poussée par une pyramide des âges très avantageuse, a créé un régime spécifique. Aujourd'hui, la situation s'est inversée, la CPPOSS est venue frapper à la porte de l'ARRCO et de l'AGIRC. N'y aurait-il solidarité que pour partager les difficultés ? Ou devient-on solidaire quand l'isolement cesse d'être profitable ?

● **Les régimes des non-salariés.** Si les ordonnances de 1945 avaient été mises en application, agriculteurs, artisans, commerçants, professions libérales et patrons auraient fait partie du régime général. Mais ces professions ont émis un refus initial envers la Sécurité sociale. Dix à vingt ans plus tard, de nombreux régimes disparates ont été mis en place[1].

Des inégalités qui se creusent

En dehors de la disparité de régimes, l'observation des systèmes en place laisse apparaître d'autres inégalités ou injustices :

● **Des inégalités de revenus.** Le montant des retraites, proportionnel aux salaires perçus pendant la période d'activité, reproduit les inégalités existantes dans le monde du travail. Celui qui gagnait peu reste au bas de l'échelle des revenus.

● **Des inégalités d'espérance de vie.** Les catégories qui cotisent le plus longtemps, comme les ouvriers du bâtiment ou de l'industrie, sont aussi celles qui ont une espérance de vie la plus faible. Déjà à 35 ans, l'espérance de vie d'un professeur est supérieure de neuf ans à celle d'un manœuvre. Au début des années 1980, la direction de la Prévision a calculé, retraite de la Sécurité sociale et régimes complé-

---

1. Voir, sur tous ces points, le livre de Jacques Bichot, *Retraites en péril*, aux Presses de Sciences-po.

mentaires cumulés, le rapport entre les cotisations versées et les retraites perçues. Ce calcul montre que le système français ne se borne pas à reproduire les inégalités de traitement, mais les accentue. Par exemple, un cadre supérieur touche en moyenne 57 % de plus que ce qu'il verse, un ouvrier qualifié seulement 13 % et un manœuvre, 4 %.

- **Des inégalités sur l'âge d'ouverture des droits**. Elles sont flagrantes : 40 ans pour les militaires, 50 pour les personnels roulant SNCF ou RATP, 55 ans dans la marine, 65 ans pour les professions libérales.

- **Des inégalités en faveur de ceux qui n'élèvent pas d'enfant**. Ce sont les « DINKS » (*Double Income, No Kid*), des couples actifs sans enfants. Ils ne supportent pas les charges d'éducation des jeunes enfants mais, travaillant à deux à plein temps, ils peuvent prétendre obtenir pour leur retraite des « droits de tirage » plus élevés sur les cotisations futures des enfants des autres.

- **Des inégalités au détriment de ceux qui veulent travailler plus longtemps**. L'exercice du métier au-delà de la durée légale de cotisation n'est plus source d'acquisition de droits à la retraite. Celui qui veut travailler plus longtemps se trouve donc pénalisé ; sa cotisation est assimilable à une taxe[1].

Au travers de certains de ces constats, on comprend qu'on se retrouve dans une sorte de solidarité qui se joue à l'envers. Le principe de solidarité sous-entend qu'une péréquation s'effectue des plus aisés vers les plus pauvres.

Dans les faits, en raison des règles et pratiques en place, on constate que les moins aisés sont ceux qui sont les plus pénalisés par le système. Et ceux qui ont eu la vie plus facile ont une meilleure retraite et vivent plus longtemps.

---

1. Voir Jacques Bichot, *op. cit.*

Il n'est certainement pas simple de venir à bout de ces inégalités. Du moins est-il nécessaire de les faire apparaître plus clairement pour favoriser une prise de conscience. L'idée d'un plafonnement des retraites à un niveau raisonnable ferait peut-être alors son chemin.

L'hypocrisie des préretraites

Le principe de la mise en préretraite est, en soi, on l'a déjà souligné, douteux. Il met sur la touche des personnes dont l'expérience et les compétences pourraient encore être très utiles. Et il conduit à réduire toujours plus la proportion des actifs.

Mais son mode de financement est encore plus douteux puisqu'il s'agit de faire prendre en charge par la collectivité les rémunérations de ceux dont l'entreprise veut se débarrasser pour se restructurer ou même simplement pour augmenter ses marges.

Cette mutualisation des pertes est au service de l'individualisation des profits.

Le système est d'autant plus hypocrite qu'il bénéficie quasi exclusivement aux grandes entreprises, les PME ne pouvant guère y accéder.

Le poids des prélèvements

La discussion fait rage sur la limite supportable des prélèvements obligatoires. Ils correspondaient à 37 % du PIB en 1975, ils avoisinent aujourd'hui les 45 %. Y a-t-il en la matière un seuil psychologique et/ou économique à ne pas franchir ? Certains pays, comme la Suède ou le Danemark, ont largement dépassé les 50 % et ne semblent pas s'en porter plus mal. C'est un choix qu'une société peut faire. Encore faut-il que la décision soit prise en connaissance de cause et que la question lui soit donc clairement posée : sommes-nous prêts à alourdir le poids des prélèvements pour bénéficier d'une plus grande sécurité à notre retraite ?

Quoiqu'il en soit, à court terme, parce que les responsables ont surtout pris des mesures dilatoires, seules deux solutions se présentent : augmentation des prélèvements ou baisse de la distribution. Qui décidera et comment ?

Sachons seulement que si le système de retraite était maintenu au même niveau, il faudrait accroître de 75 %, à terme, le prélèvement sur le revenu des actifs.

Le leurre du fonds de réserve

Le fonds de réserve décidé par Lionel Jospin, Premier ministre, est un instrument qui est sensé permettre de corriger les inégalités dans le temps et, notamment, éviter de faire porter aux générations futures une trop lourde charge. Mais son abondement est des plus aléatoires, car fondé sur le double pari d'une croissance durable et d'un retour au plein emploi.

Ainsi, sur les 150 milliards d'euros prévus, l'État espérait trouver 15 milliards liés à la baisse du chômage. Mais celui-ci est de nouveau à la hausse. Soixante milliards devaient être fournis par la CSG et le Fonds national de solidarité vieillesse. Et quelques dizaines d'autres sous forme de taxes et d'intérêts de placements. Mais ne vont-ils pas être utilisés à autre chose, dès lors que reviennent les difficultés économiques ?

En l'état actuel, ce fonds tarde à être sérieusement alimenté.

Les blocages politiques et idéologiques

Il reste un dernier obstacle à lever, et pas le moindre, pour que le dossier des retraites, aussi compliqué soit-il, avance réellement : le manque de volonté politique. La retraite fait peur. Chaque gouvernement en place craint pour sa survie s'il s'attaque en profondeur à la question. Les hommes politiques avouent d'ailleurs assez naïvement cette inquiétude, qu'ils traduisent dans leur langage par : « La situation n'est pas mûre. Les Français ne sont pas prêts à accepter les changements… »

À force d'attendre, la situation, effectivement, n'est pas mûre. Elle est pourrie. Quant aux Français, il faut cesser de les prendre pour des enfants. Ils ont, depuis 30 ans, changé beaucoup plus vite que leurs dirigeants dans de nombreux domaines et se sont adaptés aux réalités nouvelles. Ils sont capables d'accepter une réforme du régime des retraites, pour peu qu'elle soit menée dans la clarté et qu'ils en comprennent les enjeux sociétaux.

Mais les responsables politiques et les partenaires sociaux qui sont en charge du dossier ont-ils bien compris eux-mêmes ces enjeux ? On peut parfois se le demander lorsqu'on entend des dirigeants de grandes centrales syndicales affirmer que la solution passe par un alignement des retraites des salariés sur celle des fonctionnaires et militer pour que de nombreuses catégories cessent de travailler à 55 ans. De même, on peut s'étonner des discours patronaux qui veulent privatiser à tout crin. Certes, on comprend la portée démagogique des requêtes. Mais on ne laisse pas d'être atterré par l'irresponsabilité de tels discours.

Si la plupart des responsables n'en sont heureusement pas là, ils n'osent pas pour autant tenir un discours de vérité et se veulent rassurants. Les rapports succèdent aux rapports, on l'a dit, les comités aux comités, les experts aux experts, ce qui permet de noyer le poisson dans les explications techniques et le flot des statistiques.

Il y a peut-être aussi une explication psychologique à cette incurie. Nos politiques (et certains syndicalistes) ne se sentent concernés que très indirectement. Ils n'envisagent que rarement pour eux-mêmes une mise à la retraite, beaucoup ayant dépassé la limite d'âge qu'ils veulent imposer aux autres citoyens. De plus, ils bénéficient de régimes spéciaux qu'ils se sont largement octroyés. Il suffit, par exemple, d'avoir été ministre 45 jours pour toucher la retraite correspondant à cette fonction. Le service de l'État mérite récompense, mais on est loin des 160 trimestres requis pour les salariés ordinaires.

Dans cet ordre d'idée, il est permis de s'étonner que les syndicats soient opposés à la retraite par capitalisation mais siègent au conseil d'administration de Préfon retraite qui est le système de capitalisation des fonctionnaires.

Le gouvernement actuel[1] est également réticent face à la capitalisation : il n'a pas pour autant supprimé le régime, susmentionné, des fonctionnaires, ni celui dont bénéficient les élus. Nous sommes, une fois de plus, sous le règne du faites ce que je dis mais ne faites pas ce que je fais[2].

---

1. À l'époque de la rédaction de ce rapport, le gouvernement était celui de Lionel Jospin.
2. La manière dont a été menée la réforme de 2003 ne dément malheureusement pas ces propos. Certes, le gouvernement de Jean-Pierre Raffarin a fait preuve d'un certain courage, mais il n'a mené qu'une réforme très partielle, faisant preuve de beaucoup de maladresse dans la négociation avec les syndicats. Ceux-ci, mise à part la CFDT, se sont montrés égaux à eux-mêmes, c'est-à-dire plus préoccupés de leur survie que de l'intérêt général. Enfin, les Français, dans leur ensemble, n'ont pas montré la maturité escomptée. Mais leur a-t-on vraiment donné les moyens de comprendre les enjeux ?

Un nouveau contrat de société autour de la retraite

Au sortir d'un conflit dramatique et dans un pays ruiné par la guerre, les ordonnances de 1945 créant la Sécurité sociale ont été rédigées dans l'intention d'instituer un nouveau contrat social, fondé sur la solidarité et porté par la dynamique de la reconstruction. Soutenu par le développement continu des Trente Glorieuses, ce contrat a fonctionné efficacement jusqu'à la fin des années 1970, favorisant une élévation générale et considérable du niveau de vie des Français et réduisant les poches de misère.

Mais, depuis plus de 20 ans, notre système de protection sociale donne des signes de faiblesse, en proie à des déficits chroniques mais, surtout, comme cela vient d'être souligné en ce qui concerne la retraite, sapé par des dysfonctionnements de plus en plus nombreux. Le contrat social s'est divisé en une série de sous-contrats corporatistes qui en pervertissent le sens.

Enfin, ce système approche de ses 60 années d'existence : l'âge de la retraite ? En 60 ans, notre paysage culturel, économique et social a été totalement bouleversé. Les besoins et les attentes de nos concitoyens n'ont plus rien à voir avec celles de leurs parents et grands-parents. Ils ne vivent plus de la même manière. En 1940, la France était encore, au moins dans sa mentalité, une société agricole. Aujourd'hui, elle n'est déjà plus une société industrielle. Elle plonge dans le monde virtuel, dans la société de l'immatériel.

Nous sommes donc au sortir d'une autre crise – heureusement moins violente que celle de la Seconde Guerre mondiale – qui a marqué le passage vers une société nouvelle, encore à construire. Dès aujourd'hui, et demain plus encore, nous allons vivre et travailler différemment, penser et agir autrement au sein d'un monde globalement plus proche.

Quel nouveau type de contrat social mettre en œuvre, qui permette de recréer du lien social, de refonder une nouvelle manière de vivre ensemble, dans une société en perpétuel changement ? Telle est la question qu'appelle une réflexion en profondeur sur le problème des retraites. Il n'est plus possible de soutenir un système défaillant et désormais inadapté, en ne se souciant que de remplir des caisses qui vont de plus en plus ressembler à un tonneau des Danaïdes.

Nous ne pourrons pas continuer à vivre au-dessus de nos moyens. Mais la solution n'est pas technique et elle ne peut pas être abandonnée à des experts. Elle demande, une fois encore, une volonté politique collective, du courage et de l'ambition.

Il ne s'agit évidemment pas de renoncer aux valeurs de solidarité et de responsabilité auxquelles le CJD est, plus que tout autre, particulièrement attaché mais de repenser ces valeurs dans une société différente, dans un esprit de développement durable et dans le cadre d'une citoyenneté européenne.

Cinq propositions
pour vivre la retraite autrement

40 Harmoniser les régimes

La diversité des régimes sert l'opacité du système. Il convient donc d'harmoniser, dans un premier temps, l'ensemble des régimes spéciaux (entreprises publiques, fonctionnaires, agriculteurs, professions libérales...) sur celui des salariés du régime général (et non l'inverse, ce qui est irréaliste).

Cela faciliterait en outre une plus grande fluidité de l'emploi et une meilleure organisation possible de la coordination à l'intérieur de l'Europe.

41 Généraliser le système par points

Dans un deuxième temps, à plus longue échéance, on devra envisager de fondre le régime de base et les régimes complémentaires obligatoires dans un système de « capital points » identique pour tout le monde. C'est un système plus lisible et qui permet un meilleur pilotage, tant du point de vue des masses globales à distribuer que des individus. On ne calculera donc plus en trimestres mais en points contributifs accumulés.

42 Réduire les inégalités

Le principe du capital points nécessite des correctifs de solidarité pour les minima :

- Par la mise en place d'un plancher de retraite pour tous les citoyens qui soit supérieur à l'actuel minimum vieillesse.

- Par l'attribution de points « gratuits » en période de chômage, pour les activités citoyennes, le bénévolat, pour l'éducation d'enfants...
- Par la prise en compte de la pénibilité du travail.

Le système par points peut ainsi devenir un moyen d'écrêter par le haut et de relever par le bas, et finalement de mieux gérer les inégalités d'espérance de vie.

43 Associer répartition et capitalisation

Répartition et capitalisation suivent, on l'a souligné plus haut, une même logique, associant démarche collective et démarche individuelle. En les utilisant de manière complémentaire, on contribue à la réduction des inégalités. La répartition reste équitable jusqu'à un plafond à déterminer. Au-delà, la capitalisation libre est plus juste, en raison, pour les gros salaires, de la disproportion entre les cotisations et la retraite complémentaire perçue (+ 53 % en leur faveur) : elle propose un effort individuel qui n'est plus supporté par la communauté.

La capitalisation peut, en outre, nourrir des fonds de pension d'autant utiles qu'ils seraient réinvestis dans notre économie, et en particulier dans les PME qui ont besoin de ce type de ressources pour se développer. Elle est aussi un moyen de prévenir le risque de surimposition des entreprises pour financer les retraites.

44 Mieux prendre en compte la perméabilité des temps sociaux

À moyen et long terme, il faut repenser les fondements du cycle de vie professionnel : tous multiactifs de 17 à 77 ans, les frontières et durées de transition entre les différents cycles étant plus longues et plus floues qu'auparavant. Cette perméabilité des temps sociaux repose sur la capacité de la personne de faire des choix, d'arbitrer ses projets – personnels et professionnels – en fonction de son employabilité, de ses compétences et de son âge.

La responsabilité de l'État est de favoriser la mutation profession-nelle plutôt que l'exclusion par l'âge et aussi de permettre à chacun, par l'éducation, la formation continue et la protection sociale, d'acquérir et de conserver l'autonomie sociale au travers de laquelle il choisira sa vie plutôt que de la subir. C'est aussi le rôle de l'entreprise que d'entretenir et de développer les compé-tences et l'employabilité de ses salariés pour valoriser leur capital humain jusque dans leur retraite.

Actuellement, tous les modes de financement sont strictement séparés entre formation, retraite et chômage. Pour permettre une meilleure fluidité entre les différents temps, il convient d'assurer juridiquement et financièrement la porosité entre les différents systèmes sociaux, jusqu'à les réunir en un seul, accordant des droits de tirage à la personne.

Le capital point pourrait ainsi, à terme, se transformer en capital temps utilisable pour la formation, les congés, les années sabba-tiques et la retraite. Tout le monde part avec le même capital et chacun l'enrichit ou le dépense selon ses projets et son évolution.

Cette nouvelle conception des temps sociaux demanderait à être régulée par une sorte d'Instance supérieure des prestations sociales.

Ouvrir le temps

« Les temps changent », dit-on, pour évoquer les grandes mutations sociales qui se produisent et constater que nous ne vivons plus tout à fait dans le même type de société que nos parents. Aujourd'hui, il faudrait dire aussi : « Le temps change », au sens où c'est notre perception même de l'écoulement du temps et de sa nature qui s'est modifiée.

Revenons un peu plus d'un siècle en arrière. L'agriculture domine encore. Le temps du paysan est fluide, uniforme, lié au rythme de son activité et au retour des saisons. Il n'a pas de montre et ne compte pas ses heures. Il ne fait guère de distinction entre sa vie personnelle et sa vie professionnelle, elles sont intimement mêlées. Il ne fait pas le métier de paysan, il est paysan. Il meurt dans son champ, sans idée de retraite.

Puis, l'industrialisation s'accélère et le salariat devient à son tour la forme d'activité dominante. Pour les besoins de l'organisation scientifique du travail, le chronomètre de Taylor mesure les heures et découpe les journées en deux : temps de travail, temps de repos, sans plus tenir compte de la longueur des jours et des saisons. Sur le long terme, on continue globalement à entrer à l'usine ou à descendre à la mine au sortir de l'enfance pour y mourir trop peu d'années plus tard. Viennent les luttes sociales et avec elles le raccourcissement de la durée du travail sur la journée ou la semaine, mais aussi sur l'ensemble de l'existence avec les congés payés, la retraite, l'interdiction du travail des enfants. Le temps du salarié est donc divisé en tranches quotidiennes et en tranches de vies. La partie accordée au repos a considérablement augmenté et peut être consacrée à d'autres activités.

Nous voici au début de ce XXIᵉ siècle. La société industrielle est déjà derrière nous. Le temps mesuré au jour le jour gêne les entreprises qui sont de plus en plus tournées vers le service et ont besoin de flexibilité pour répondre aux attentes de leurs clients. Il est également difficile à gérer pour celles qui « produisent » de l'immatériel à partir de la matière grise de leurs collaborateurs : la recherche, la créativité, l'invention s'accommodent mal d'horaires fixes et de pointeuses. Sur le long terme, le travail lui-même se raréfie, l'emploi à vie n'existe plus. Au temps dit « non actif » de formation initiale et de retraite, s'ajoutent régulièrement, dans le cours de la vie active, un temps de repos « forcé », le chômage et, souvent, un temps de formation complémentaire pour se reconvertir ou s'adapter aux nouvelles connaissances.

L'idéal, pour la bonne marche de l'économie, serait au fond que les salariés redeviennent des paysans. Que leur temps soit lié au rythme saisonnier du marché. Qu'ils travaillent du lever au coucher du soleil quand les carnets de commandes sont pleins, comme le paysan doit rentrer rapidement la moisson dès qu'elle est mûre. Qu'ils se reposent au moment des périodes creuses, comme l'agriculteur en hiver. Qu'ils se mettent en jachère quand on n'a plus besoin d'eux...

Mais les temps, heureusement, ont changé, ainsi que les conditions de vie. Le salarié, et nous tous, quel que soit notre statut, avons intégré ce morcellement de nos existences qui se partagent désormais en une succession d'activités diverses – professionnelles et privées, collectives et individuelles, familiales et sociales – et en une multitude de rôles : parents, clients, citoyens, amis, membres d'associations... Notre temps individuel, tel que nous le ressentons, n'a plus rien à voir avec celui du paysan. Celui-ci était un, d'un bout à l'autre de son existence ; nous sommes multiples chaque jour de notre vie.

Tentons de résumer la contradiction à résoudre. L'économie industrielle a profondément transformé l'organisation de nos temps sociaux et notre manière de les percevoir, pour assurer son développement. L'économie postindustrielle se trouve désormais à l'étroit dans ce schéma qui, par sa rigidité, lui paraît entraver sa progression. Mais les salariés et la société ont fait plus que se plier aux contraintes qui leur étaient imposées. Ils se les sont appropriées et les ont adaptées, souvent de haute lutte, pour en faire un nouveau mode de vie, pour s'inventer un autre rapport au temps. Ils résistent donc globalement à l'idée que la prétendue « nécessité économique » bouleverse à nouveau leur mode de fonctionnement, brouille les repères et déstabilise des équilibres déjà difficiles à maintenir. La distinction entre vie professionnelle et vie personnelle est, par exemple, devenue pour certains aussi sacrée, dans notre république, que la séparation de l'Église et de l'État.

Parallèlement, les mêmes salariés, sous la pression de la productivité, de la raréfaction de l'emploi, et tout autant en raison de l'individualisation des modes de vie, sentent qu'ils sont déjà engagés dans d'autres formes de travail, plus souples et pas nécessairement moins satisfaisantes. Certains jeunes, par exemple, ne comprennent pas pourquoi on leur interdirait de travailler le dimanche, dès lors que ça leur donne un emploi, qu'ils sont payés plus et qu'ils ont plus de temps libre pendant la semaine pour se consacrer à leurs hobbies. D'autres ne voient pas pourquoi il est légalement impossible de travailler tard dans la nuit, au sein de l'entreprise, à un projet qui les passionne, quitte à prendre plus de congés, une fois celui-ci finalisé.

Il s'agit donc, finalement, de faire converger les besoins des entreprises, l'organisation de la société et les aspirations individuelles vers une nouvelle organisation des temps sociaux, de concilier les intérêts apparemment contradictoires de l'économique, du sociétal et du social.

La grande erreur serait, à notre sens, de laisser le monde économique décider seul de ce qui est bon pour l'ensemble. On ne saurait cautionner les réflexes de maîtres de forges qui voudraient se rendre maîtres, une fois encore, du temps de leur salariés. Les discours sur la perte de la « valeur travail » et la nécessité « d'obliger les gens à travailler » ne sont plus audibles tant ils nous parviennent de très loin en arrière.

Au CJD, nous préférons tendre l'oreille vers l'avenir et écouter les arguments des uns et des autres.

Prenons acte, d'abord, de notre propre responsabilité de dirigeants. Nos prédécesseurs, nous l'avons dit, sont à l'origine du temps normé dont nous avons hérité et c'est nous qui sommes demandeurs du changement. Cela demande quelques concessions. Que faire pour que chacun y trouve son compte ?

Il y a deux grandes dimensions à considérer. En premier lieu, le temps court du quotidien. L'entreprise, tout à son souci de rationalisation, peut continuer d'ignorer les contraintes extérieures qui pèsent sur ses collaborateurs et imposer les horaires qui lui conviennent. Elle peut aussi les négocier avec chacun en fonction de leurs obligations personnelles et de ses propres besoins. Si des problèmes de garde d'enfant se posent, pourquoi ne pas envisager une crèche d'entreprise ou interentreprise ? S'il s'agit d'une demande de congé pour un rendez-vous médical ou des démarches administratives, pourquoi ne pas demander au salarié concerné de s'entendre avec ses collègues ? Aucune situation ne paraît insurmontable pour peu qu'on ait le désir de trouver une solution qui aboutisse au meilleur équilibre possible entre vie personnelle et vie professionnelle. Autrement dit, la flexibilité est acceptable si elle se fait dans les deux sens, au bénéfice des deux parties.

La seconde dimension est celle de la trajectoire de vie. Celle-ci sera pour chacun de moins en moins linéaire. Périodes de formation ou de chômage, changement de métier et d'entreprise, années sabbatiques, réalisation d'un projet personnel, temps partiel, départ à l'étranger : nul n'imagine plus de faire le même travail toute sa vie dans la même entreprise. Nous y perdons en sécurité d'emploi ce que nous y gagnons en variété. La responsabilité de l'entreprise, ici, est double. D'abord, puisqu'elle ne peut plus garantir un emploi à vie, elle doit favoriser l'employabilité de ses salariés par la formation et la valorisation de compétences, ce qui leur apportera une autre forme de sécurité. Ensuite, il lui faut modifier ses habitudes de recrutement, qui la poussent souvent à n'engager que des profils classiques. Les chefs d'entreprise ne peuvent pas dire qu'il est normal que des gens passent par des périodes de chômage et éviter de les embaucher... Si les parcours « atypiques » deviennent la norme, l'entreprise ne peut que s'enrichir de profils atypiques qui lui apporteront un regard décalé.

On voit bien l'intérêt du salarié, dans ce qui précède, mais celui de l'entreprise ? Pourquoi compliquerait-elle autant la gestion de son organisation ? Laissons de côté l'argument moral, même s'il n'est pas honteux en soi de se préoccuper du bien-être de ses collaborateurs. Des hommes ou des femmes qui vivent dans un bon équilibre entre leur métier et leur famille, qui se sentent épanouis et « bien dans leur tête », qui aiment ce qu'ils font, ne seront-ils pas plus performants et créatifs que des individus stressés qui courent après le temps et n'arrivent pas à joindre les deux bouts de leur existence en miettes ? Tant dans l'économie de service que dans l'économie de l'immatériel, nous avons besoin de tels collaborateurs, autonomes, impliqués, doués d'initiative et capables de développer des relations constructives avec les autres et avec les clients.

Le juste partage du temps devient ainsi un outil de management, au même titre que le partage de la valeur, la gestion par objectifs ou la démarche participative. Et il va devenir très rapidement un fort élément d'attractivité si l'on songe que l'on entre dans une période prévisible de pénurie de compétences dans certains métiers, en raison de l'inversion de la courbe démographique. Beaucoup de jeunes diplômés en font déjà un argument de négociation pour accepter un poste.

Par la compréhension de leurs intérêts réciproques, entreprises et salariés peuvent donc réussir à dépasser leur opposition initiale et à se créer, en quelque sorte, un temps commun. Reste le troisième partenaire, la société. Par ses lois, ses règles, son organisation, elle est encore sous le règne du temps normé dont elle a mission de contrôler le respect et de faciliter la mise en œuvre. Un inspecteur du travail, par exemple, ne peut que sanctionner un employeur qui fait travailler un salarié un dimanche, sans autorisation, même si celui-ci le souhaite et s'est porté volontaire. Et les régies de transport sont chargées d'adapter les rotations des bus ou des métros aux heures « normales » d'ouverture et de fermeture des bureaux. L'organisation sociale apparaît alors comme un obstacle à la nouvelle forme de contractualisation des temps sociaux sur laquelle se sont entendus entreprises et salariés : les horaires des transports collectifs ne correspondent plus aux besoins, le collaborateur n'a pas le droit de travailler au moment qui lui convient. Ou, encore, il est obligé de prendre sa retraite à 65 ans, alors qu'il appréhende cette cessation d'activité et se sent en pleine forme. Ou, au contraire, fatigué par un métier pénible, il voudrait, à 60 ans, commencer à lever le pied mais perdrait alors une grande partie de ses avantages acquis. Les cas de figure sont de plus en plus nombreux auxquels notre société ne sait pas répondre et tranche selon la même règle imposée à tous. Le temps, pour les institutions, est toujours un temps industriel et statistique qui n'est compté que par grandes masses. Il entre aujourd'hui en conflit avec notre désir individuel d'un temps plus léger, labile et mesuré à l'échelle de chacun. Rien ne pourra réellement changer, si les représentants de la société n'intègrent pas dans leurs décisions cette réalité nouvelle. Au quotidien, ils doivent donner plus de fluidité au fonctionnement des infrastructures et des services publics pour que nous puissions mieux vivre notre temps désynchronisé. Les règles du code du travail ont aussi besoin d'être révisées pour faciliter la contractualisation des rapports entre entreprises et salariés, sans accroître la précarité. Il faut enfin prendre en compte les grandes alternances entre les périodes de travail « classiques », de non-activité ou d'activités autres, non marchandes. Tel qu'il est actuellement financé, notre système de protection sociale est cloisonné selon le découpage ancien : formation, maladie, chômage, retraite. Il nous appartient d'inventer tous ensemble un nouveau système qui permette, là aussi, des allers-retours plus fluides entre les temps divers de la vie, en attachant, par exemple, les droits de tirage sociaux à la personne au lieu de l'entreprise.

Ainsi pourrons-nous marcher vers la reconquête du bien qui nous manque le plus aujourd'hui. Ce n'est pas l'argent, que nous possédons en surabondance dans nos sociétés développées – même s'il est très mal réparti – et dont nous percevons les limites : accumuler toujours plus de richesses ne suffit pas à notre bonheur et risque même de nous conduire à notre perte collective par épuisement des ressources.

C'est du temps dont nous avons besoin, pas nécessairement plus de temps – nous avons déjà gagné dix ou quinze années d'espérance de vie en un demi-siècle –, mais un temps de meilleure qualité, riche de projets, de rencontres, d'aventures humaines. L'entreprise peut être, à un moment de la vie, un lieu de cristallisation de ce temps en temps productif. Mais elle ne doit pas l'accaparer tout entier comme elle a eu tendance à le faire dans l'ère industrielle triomphante, ni le contraindre à ses seules exigences. C'est sans doute autour de cette nouvelle organisation des temps sociaux, plus équilibrée, que se négociera notre prochain contrat social.

Index des propositions

Les 44 propositions en résumé

Une attractivité solidaire

Diminuer les subventions clientélistes aux entreprises

Sans supprimer totalement les subventions aux entreprises, qui peuvent s'avérer efficaces dans certains cas, une distribution plus judicieuse permettrait d'abaisser les prélèvements sociaux sans perte significative de recettes pour l'État.

Réduire les taxes sur l'argent réinvesti dans l'économie. Supprimer la taxe professionnelle

Cette mesure porterait, au niveau de l'entreprise, sur la réduction des taxes sur les plus-values et sur les bénéfices dégagés par la transmission ou la vente, dès lors qu'ils sont réinvestis dans des entreprises.

D'autre part, la taxe professionnelle doit être supprimée et remplacée par le reversement aux collectivités territoriales d'une part d'un impôt national.

Promouvoir des identités et des stratégies territoriales

Chaque territoire, comme l'ensemble du territoire français, doit se doter d'un projet stratégique susceptible de valoriser ses atouts et mettre en place une communication internationale pour le faire savoir. Ce projet stratégique pourra être transversal à un ensemble de régions, y compris au-delà de nos frontières.

4 Respecter les critères du développement durable

L'implantation de nouvelles entreprises serait accordée à celles qui acceptent de satisfaire aux critères d'organismes de notation agréés en matière de responsabilité sociale et environnementale. Dans une stratégie cohérente de qualité de vie et de développement durable, la France doit se doter rapidement d'un référentiel commun à l'ensemble des territoires.

Un co-développement des territoires

5 Élaborer une stratégie et des projets de territoires et penser une gouvernance inter-territoriale

La mise en place d'une instance « inter-territoriale » permettrait de mieux coordonner les projets et d'élaborer une véritable stratégie.

On pourrait également imaginer des groupements d'intérêts territoriaux (GIT par analogie aux GIE) réunissant, au niveau d'un pays, d'un bassin d'emploi, d'une intercommunalité, des élus, des fonctionnaires, des chefs d'entreprises, des représentants de la société civile.

6 S'engager dans des coopérations locales et des instances territoriales

Axe primordial, le développement des compétences et de l'emploi : coopération avec les écoles et les universités, les systèmes de formation continue, les agences locales pour l'emploi…

Pour devenir vraiment acteurs de la décentralisation et du développement des territoires, les dirigeants doivent s'engager dans les instances de concertation et de décisions, et aux échelons qui leur semblent les plus pertinents : conseil de développement des pays, CESR et à l'autre bout, Europe.

Dans ce contexte, une refonte des organismes consulaires s'avère indispensable.

Privilégier les projets intercommunaux

La plupart de nos 36 000 communes proposent des ressources humaines et matérielles beaucoup trop limitées. Leur regroupement doit continuer à être encouragé, sans doute jusqu'à une véritable fusion dans des entités plus larges qui en diminueraient le nombre, que cela prenne la forme de communautés urbaines, d'intercommunalité ou de « pays ».

Développer les régions pour une meilleure intégration européenne

Deux évolutions sont possibles : aller vers de grandes régions, en les regroupant, ou favoriser des coopérations interrégionales. L'objectif est qu'elles puissent intégrer la dimension européenne dans leur développement.

Supprimer, à terme, les départements

Il convient dès aujourd'hui d'en préparer la disparition à moyenne échéance et de répartir, par concertation entre les acteurs nationaux, régionaux et locaux, les compétences encore exercées par cet échelon territorial, notamment en matière sociale.

Établir des relations de confiance avec l'administration

Créer un guichet unique

La première mesure urgente serait de créer un guichet unique qui serve d'interface avec toutes les institutions

(Urssaf, retraite, maladie, fisc, douanes, inspection du travail…) et ait un rôle d'accompagnement et de conseil.

Simplifier le contrat de travail

Pour faciliter la création d'entreprise, l'administration devrait proposer, d'une part, un contrat type de base, interprofessionnel et, d'autre part, étendre l'utilisation du chèque emploi service pour le premier salarié et, plus largement, pour les PME de moins de dix salariés.

Clarifier la feuille de paie

Il est nécessaire de clarifier les taux et les assiettes des cotisations et de globaliser ces cotisations sur une seule ligne, charge à l'administration d'en assurer la répartition.

Créer une certification de bonne pratique pour les entreprises

Moyennant une évaluation initiale sur un certain nombre de critères et renouvelable par période de deux ou trois ans, les entreprises obtiendraient un certificat de bonne pratique administrative. Elles bénéficieraient alors d'une simplification des démarches administratives et de l'acceptation de déclarations sur l'honneur.

Accorder le droit à l'expérimentation

Cela consiste à donner le droit de pouvoir sortir, pour une période donnée, du cadre législatif strict. Le droit d'expérimentation permet d'engendrer des démarches d'innovation en matière d'organisation du travail et d'application de « lois cadres » qui sont tout aussi essentielles que l'innovation en matière de produits et de services.

15 Proposer des lois cadres dont l'application ne soit pas uniforme

Il conviendrait de définir des lois cadres dont l'application concrète serait négociée entre les partenaires sociaux au niveau des entreprises.

De même, les représentants des PME devraient être systématiquement sollicités au moment de l'élaboration des lois qui les concernent. Pour faciliter cette consultation, un conseil d'orientation intégrant ces représentants pourrait être rattaché au secrétariat d'État aux PME.

Faciliter le développement des PME

16 Définir une politique nationale pour les PME leur réservant une partie des marchés publics

Cette politique devrait d'abord favoriser le financement et la capitalisation des PME avec un soutien plus important du développement des PME sur le territoire économique naturel qu'est devenu l'Europe.

Par ailleurs, et surtout, l'État devrait réserver 30 % des marchés publics aux PME et faciliter leur participation aux appels d'offre par un accompagnement et une information mieux adaptés.

17 Cesser de pénaliser les ressources financières des PME

Dans ce domaine, deux mesures semblent urgentes :

- **Trésorerie** : modifier la loi sur les délais de paiement entre les entreprises et fixer un délai de règlement à 30 jours. Afin que cette loi soit appliquée et que les fournisseurs ne craignent pas de nuire à leurs relations commerciales en réclamant des intérêts de retard, des modalités de contrôle devront être mises en place.

- **Faillites** : faire cesser le statut privilégié de l'État, en cas de redressement judiciaire et de dépôt de bilan d'une entreprise, sans que cela concerne les domaines de protection et de sécurité des salariés (Urssaf, Assedic).

18 Faciliter la transmission d'entreprise par la création d'un « PRE »

Au moment où, pour des raisons démographiques, beaucoup d'entreprises vont être à reprendre, il faut en faciliter la transmission :

Soit à la famille, en allégeant les frais et taxes de reprise ou de succession ;

Soit aux salariés par la création d'un PRE (plan de reprise d'entreprise), mis en œuvre à l'initiative de l'employeur, dans lequel le salarié et l'entreprise cotiseraient en franchise de charges sociales.

19 Simplifier le fonctionnement des PME par la réduction des effets de seuil

Il est nécessaire de limiter le découpage des PME en fonction du nombre de salariés à trois niveaux, en cohérence avec l'Union européenne : 0 à 9 pour les TPE, 10 à 249 pour les PME, plus de 250 pour les grandes entreprises. L'objectif est de réduire les effets de seuil mais aussi d'augmenter l'attractivité de petites entreprises en donnant les mêmes avantages à tous les salariés. Ainsi, par exemple, le comité d'entreprise serait obligatoire dès les entreprises de plus de dix salariés.

20 Laisser le choix entre participation et intéressement

Le CJD propose de laisser aux entreprises le choix entre intéressement ou participation, dès lors que les montants de l'intéressement sont au moins égaux à ceux de la participation.

Il préconise également que l'une ou l'autre formule soit mise en place dans toutes les entreprises à partir de dix salariés.

21 Mutualiser les ressources sur un même territoire

Il s'agit de mettre en commun, entre plusieurs PME d'un même territoire (sur une zone d'activité ou sur un bassin d'emploi...), les problèmes rencontrés et de développer les moyens d'y répondre ensemble.

Par exemple : avoir un délégué syndical territorial, utiliser des groupements d'employeurs, mettre en commun des services de veille ou de recherche et développement...

22 Dynamiser l'innovation dans les PME

Les PME doivent développer leurs démarches de recherche et d'innovation, en s'associant à d'autres entreprises, en bénéficiant de services d'aides au montage de dossiers de financement, notamment européens, et à la démarche de protection des innovations jusqu'au dépôt d'un brevet.

Revitaliser le dialogue social

23 Instaurer le conseil d'entreprise pour toutes les PME de 10 à 250 personnes, et former ses membres à la négociation

Dans un souci de simplification et d'efficacité du dialogue social, le CJD propose de mettre en place dans les PME de plus de dix salariés et jusqu'à 249, une instance unique qui fusionne délégués du personnel, comité d'entreprise et délégués syndicaux, et puisse signer des accords d'entreprise. Cela permettrait ainsi de revitaliser la fonction de délégué syndical en lui accordant une double légitimité : celle de l'élection et celle de la désignation par l'organisation syndicale représentative.

24 Favoriser les accords d'entreprise pour des relations sociales plus contractuelles et avec un champ de compétences élargi

Il faut aller vers un droit du travail plus contractuel. Le principe de faveur doit s'inverser dans le sens de la subsidiarité : la loi et la réglementation doivent limiter leur ambition à poser les principes et ne prévaloir qu'en dernier recours, si les négociations entre les parties contractantes n'aboutissent pas.

Beaucoup de conventions collectives ne correspondent plus aux réalités vécues par les entreprises et les salariés, ni au champ des métiers qu'elles sont censées couvrir. Dès lors, les accords d'entreprise doivent primer sur les conventions de branches et être incorporés au contrat de travail pour en faire un véritable outil de management de proximité.

25 Renforcer la légitimité des acteurs de la négociation par des accords majoritaires et à durée déterminée

Les accords interprofessionnels nationaux ou les accords de branche ne pourront être signés que par une ou plusieurs organisations syndicales représentant ensemble au moins 50 % des votants lors des dernières élections prud'homales.

De plus, tous les accords devront être à durée déterminée en définissant eux-mêmes dans quelles conditions et au bout de combien de temps ils seront réévalués et révisés.

26 Réorganiser les branches professionnelles en fonction des métiers

Il est nécessaire de redéfinir le nombre de branches professionnelles pour qu'il corresponde non pas à la pérennité des fédérations existantes mais à une véritable logique des professions.

Il faut, en effet que ce soit la problématique des métiers et de leur évolution qui fonde ce découpage et non l'affiliation à un secteur d'activité imposée par les statuts d'un syndicat national.

27 Construire un dialogue social européen fondé sur la contractualisation

Le CJD appelle les partenaires sociaux européens à être à l'initiative d'accords européens. Ils doivent tous contenir les moyens concrets de leur transposition dans les droits internes de chaque pays de la Communauté et rendre obligatoire l'engagement des négociations dans un certain délai.

Pour une formation réellement permanente

28 Étendre à toutes les entreprises l'obligation de former leurs salariés, quelle que soit leur taille

Les entreprises de moins de dix salariés auraient, comme les autres entreprises, la possibilité d'inscrire la formation dans une démarche volontariste ou contrainte. Un échéancier progressif pourrait être mis en place afin d'aboutir au taux de 1,5 % pour toutes les entreprises.

29 Instaurer le crédit formation tout au long de la vie

Fondé sur un système à points, ce crédit formation serait intégré dans un « carnet de formation », comparable à un carnet de santé dans sa finalité, cumulant la formation initiale et professionnelle de la personne, ses acquis par ses expériences professionnelles et associatives, ses talents, ses aptitudes…

30 Permettre à toute personne de réaliser, tous les cinq ans, un bilan de compétences en dehors de l'entreprise

Ce bilan extérieur (comme cela se pratique dans le domaine de la santé avec les visites médicales annuelles) viendrait en complément du bilan de compétence de l'entreprise, s'il a lieu.

31 Favoriser la valorisation des formations internes

Les formations internes pourraient ainsi être incluses dans les plans de formation cofinancés par tous les organismes paritaires collecteurs agréés. Ce serait aussi un moyen de reconnaître l'entreprise comme lieu de formation (idée implicitement reconnue par la validation des acquis de l'expérience) pour lier de façon réciproque l'activité productive et le développement de compétences, pour développer la « culture d'entreprise autour de la formation ».

32 Instituer le Job Rotation

Il s'agit de donner la possibilité à des personnes au chômage de remplacer une personne de l'entreprise absente (pour congés formation, maladie...). Ce nouveau salarié serait rémunéré par l'entreprise à 50 % et par la collectivité à 50 %.

33 Mettre l'accent sur le co-investissement avec le salarié

Certaines formations, permettant notamment de développer de nouvelles compétences, pourraient être effectuées en dehors du temps de travail selon des répartitions de temps à négocier dans les institutions représentatives du personnel.

34 Inciter les dirigeants à se former

Le droit à la formation pourrait être étendu aux dirigeants d'entreprise. Sachant que ceux-ci n'ont pas l'habitude de se former, ils y seraient incités par un dispositif fiscal du type crédit d'impôts compétences, calqué sur le crédit d'impôts recherche.

Développer l'emploi

35 Mettre en place des conseils régionaux pour l'emploi, coordonnés par un Conseil national pour l'emploi

Les conseils régionaux pour l'emploi ne seraient pas un lieu de décision mais un lieu d'ouverture, d'échange d'analyses et de bonnes pratiques, ce qui leur permettrait d'être une plus grande force de proposition. Afin d'avoir une réelle influence, les travaux seraient largement diffusés à l'extérieur, et les décideurs locaux devraient justifier de leurs choix face aux propositions émises.

Le Conseil national pour l'emploi, lui, serait chargé de capitaliser les informations et les connaissances, et de les diffuser largement au niveau de chaque région, de coordonner des actions globales et de réaliser une veille au niveau international sur les bonnes pratiques dans d'autres pays. Ce Conseil aurait également pour objectif d'aboutir à une vision nationale des types d'emploi de demain : les métiers pérennes, les nouveaux métiers, ceux qui seront délocalisés et ceux dont la proximité les rend indispensables localement…

36 Construire une véritable politique d'innovation

L'innovation, c'est l'emploi de demain. Un gouvernement qui veut développer l'emploi doit donc s'attacher à construire une politique de soutien à l'innovation, en particulier à destination des PME qui n'ont pas toujours la capacité, comme les grandes entreprises, de mettre en place des services de recherche et développement performants.

Cette politique de l'innovation pourrait se développer dans trois directions principales :

- Élaborer une politique de recherche ambitieuse et à long terme.
- Encourager les réseaux d'entreprises.
- Créer des services d'aides à l'Innovation.

37 Promouvoir et organiser les nouvelles formes d'emploi

- **Les groupements d'employeurs** : leur potentiel de développement est important car il répond à un besoin réel des entreprises de disposer de certaines compétences à temps partiel, tout en proposant des CDI.

- **Le contrat de projet** : ce type de contrat pourrait être ciblé sur les jeunes à haut niveau de qualification, ainsi que sur les seniors. Pour éviter de précariser le salarié, ce contrat devra impérativement définir le cadre précis du projet et assurer une rémunération pendant la durée du contrat. Des conditions devront faciliter la recherche d'un autre emploi, incluant par exemple le versement d'une prime de précarité, l'allocation d'un temps de recherche d'un nouvel emploi à la fin de la mission, l'intégration du bénéfice de l'accord récent sur la formation professionnelle.

38 Accélérer le retour à l'emploi par une démarche plus individualisée

- **Organiser un projet national de parrainage d'un chômeur**, relayé dans chaque commune. Le parrainage se traduirait par le fait que des hommes et des femmes, bénévoles et connaissant bien le monde du travail, proposent volontairement d'aider un chômeur à trouver un emploi.

- **Faire de la résorption des chômeurs faiblement ou non qualifiés une priorité.** L'ANPE pourrait se consacrer à cette mission de service public prioritaire en adaptant ses méthodes aux populations défavorisées et en acquérant un véritable savoir-faire pour l'insertion professionnelle, selon une approche plus qualitative et individualisée.

- **Accompagner l'insertion des publics en difficulté par la formation.** La formation des personnes en difficulté ou des chômeurs longue durée, pour être efficace, devrait avoir lieu à l'entrée dans l'entreprise et non pas lors de la période de chômage. La période du dispositif actuel d'évaluation en milieu de travail (EMT) devrait être plus importante pour les chômeurs de longue durée et les publics en difficulté ; jusqu'à 6 mois, elle permettrait de les former à la pratique d'un métier et réduirait le risque et le coût pour l'entreprise de recruter une personne n'ayant pas suffisamment de compétences.

- **Réhabiliter l'importance des seniors dans l'entreprise pour mieux les réintégrer.** Une campagne nationale de sensibilisation au fait que les seniors ont énormément à apporter dans les entreprises et qu'ils y ont leur place pourrait être financée par les partenaires sociaux, ce qui montrerait ainsi leur engagement pour cette cause. Corrélativement, il faut supprimer purement et simplement le principe des préretraites.

- **Renforcer le secteur de l'économie sociale**. La mission des entreprises sociales est de conjuguer initiative économique et solidarité. Ce secteur devrait être d'autant plus soutenu et renforcé qu'en matière d'emploi, il peut jouer sur les deux tableaux : d'une part, l'embauche des personnes en difficulté ; d'autre part, par la possibilité qui est offerte aux jeunes, aux préretraités, aux demandeurs d'emplois qui cherchent à rebondir, de devenir des entrepreneurs en créant leur propre structure.

39 Placer les entreprises face à leurs responsabilités

- **Offrir une place aux jeunes grâce à l'alternance**. Sans chercher à créer de nouvelles mesures (il en existe déjà beaucoup), il semblerait utile de revaloriser le dispositif de l'alternance qui n'est pas assez répandu, voire en recul. C'est pour les entreprises, une occasion d'anticiper la pénurie de main-d'œuvre qui se profile en formant ses propres employés. Enfin, les jeunes pourraient s'engager à rester un temps donné dans l'entreprise.

- **Diversifier les modes de recrutement en pratiquant la mise en situation**. Dans le même esprit, les entreprises doivent développer de nouvelles formes de recrutement. Au lieu de fonder leur choix sur les CV et les diplômes, au risque, dans certains cas, de laisser échapper le bon candidat, elles pourraient utiliser la mise en situation. Cette solution permet de tester les candidats en quelques heures, en leur demandant de réaliser une action que le poste requiert.

- **S'engager dans une politique de non-discrimination**. Pour lutter contre la discrimination et les inégalités face à l'emploi, il faudrait mettre à la disposition des entreprises une grille de critères leur permettant de faire un auto-diagnostic de leur situation à cet égard. Il est nécessaire notamment de former l'encadrement et la maîtrise à l'accueil de personnes culturellement différentes, tel qu'on le fait aujourd'hui pour les cadres internationaux.

Vivre la retraite autrement

40 Harmoniser les régimes

La diversité des régimes sert l'opacité du système. Il convient donc d'harmoniser, dans un premier temps, l'ensemble des régimes spéciaux (entreprises publiques, fonctionnaires, agriculteurs, professions libérales…) sur celui des salariés du régime général (et non l'inverse, ce qui est irréaliste).

41 Généraliser le système par points

Dans un deuxième temps, à plus longue échéance, on devra envisager de fondre le régime de base et les régimes complémentaires obligatoires dans un système de « capital points » identique pour tout le monde. C'est un système plus lisible et qui permet un meilleur pilotage, tant du point de vue des masses globales à distribuer que des individus. On ne calculera donc plus en trimestres mais en points contributifs accumulés.

42 Réduire les inégalités

Le principe du capital points nécessite des correctifs de solidarité pour les minima :

- Par la mise en place d'un plancher de retraite pour tous les citoyens qui soit supérieur à l'actuel minimum vieillesse.
- Par l'attribution de points « gratuits » en période de chômage, pour les activités citoyennes, le bénévolat, pour l'éducation d'enfants…
- Par la prise en compte de la pénibilité du travail.

Le système par points peut ainsi devenir un moyen d'écrêter par le haut et de relever par le bas, et, finalement, de mieux gérer les inégalités d'espérance de vie.

43 Associer répartition et capitalisation

Répartition et capitalisation suivent une même logique, associant démarche collective et démarche individuelle. La répartition reste équitable jusqu'à un plafond à déterminer. Au-delà, la capitalisation libre est plus juste, en raison, pour les gros salaires, de la disproportion entre les cotisations et la retraite complémentaire perçue : elle propose un effort individuel qui n'est plus supporté par la communauté.

La capitalisation peut, en outre, nourrir des fonds de pension, d'autant utiles qu'ils seraient réinvestis dans notre économie, et en particulier dans les PME.

44 Mieux prendre en compte la perméabilité des temps sociaux

Actuellement, tous les modes de financement sont strictement séparés entre formation, retraite et chômage. Pour permettre une meilleure fluidité entre les différents temps de vie, il convient d'assurer, juridiquement et financièrement, la porosité entre les différents systèmes sociaux, jusqu'à les réunir en un seul accordant des droits de tirage à la personne.

Le capital point pourrait ainsi, à terme, se transformer en capital temps utilisable pour la formation, les congés, les années sabbatiques, et la retraite. Tout le monde part avec le même capital et chacun l'enrichit ou le dépense selon ses projets et son évolution.

Cette nouvelle conception des temps sociaux demanderait à être régulée par une sorte d'Instance supérieure des prestations sociales.

annexe

Centre des jeunes dirigeants d'entreprise

Charte du bien-entreprendre 2004

Le Centre des jeunes dirigeants d'entreprise, dont la vocation depuis 1938 est de « mettre l'économie au service de l'homme », peut être considéré comme le premier mouvement patronal à s'être engagé pour une responsabilité sociale de l'entreprise. Il a donc été naturellement conduit à intégrer le concept de développement durable dans ses travaux.

La « performance globale », que le CJD met aujourd'hui en avant, est la traduction concrète du développement durable dans le monde des entreprises. Elle est une recherche d'équilibre entre performance économique, performance sociale et performance environnementale. Elle suppose une série d'arbitrages permanents entre les intérêts souvent contradictoires des différentes « parties prenantes » de l'entreprise : clients, salariés, actionnaires, fournisseurs, société civile, environnement. Elle se comprend

> *comme une démarche entrepreneuriale fondée sur des actions cohérentes à moyen et long terme plutôt que sur une maximisation des profits à court terme. En cela, elle relève d'une autre vision de la globalisation que celle qui prédomine actuellement.*
>
> *Fidèle à sa vocation de « laboratoire du patronat », le CJD a encouragé ses membres à mener, dans plus de 500 entreprises, une expérimentation destinée à les faire progresser vers la performance globale. La présente charte est le résultat du travail et des réflexions des jeunes dirigeants qui se sont engagés dans cette expérimentation.*

Pour tendre vers la performance globale dans nos entreprises, nous sommes déterminés, en interaction avec toutes les parties prenantes, salariés, actionnaires, clients, fournisseurs, société civile, environnement, à progresser pour :

1. Construire une stratégie à au moins trois ans porteuse de sens pour l'ensemble des parties prenantes. La formaliser, la communiquer et mesurer sa mise en œuvre.

2. Construire une démarche d'appropriation des valeurs de l'entreprise et les décliner en actions concrètes auprès des parties prenantes.

3. Inciter les actionnaires à raisonner à long terme et faire du conseil d'administration un espace de réflexion stratégique et de co-décision, au-delà de la seule préoccupation financière.

4. Favoriser le dialogue social avec des salariés formés et représentatifs.

5. Répartir équitablement, entre les actionnaires et les salariés, les résultats qui ne sont pas investis pour le développement de l'entreprise.

6. Concrétiser une politique d'innovation permanente en favorisant la créativité des salariés, en impulsant au moins un projet d'innovation par an, en développant des alliances avec d'autres entreprises et des centres de recherche.

7. Nous entourer de collaborateurs forts, leur permettre d'exercer leur esprit critique et d'être force de proposition.

8. Faire prendre les décisions par ceux qui, au niveau le plus bas, ont les meilleures connaissances et compétences pour résoudre un problème posé et pratiquer ainsi la subsidiarité.

9. Mettre en place et négocier un itinéraire de formation individualisé favorisant l'employabilité du salarié et la performance de l'entreprise.

10. Concilier l'organisation de l'entreprise avec les choix de vie des salariés : adaptation de la durée et de l'aménagement du temps de travail, prise en considération du projet personnel.

11. Proposer des conditions de travail attractives, construire des relations de qualité qui préservent l'intégrité physique et psychologique des salariés.

12. Faire de la diversité une force pour l'entreprise et mettre en œuvre une politique active de non-discrimination, prenant notamment en compte le sexe, l'âge, les handicaps, l'origine raciale ethnique.

13. Garantir l'indépendance de l'entreprise en évitant qu'un client représente plus de 20 % de son chiffre d'affaires.

14. Dépasser le rapport de force commercial en développant des relations de coopération avec ses clients : implication dans des réflexions stratégiques, dans des projets d'innovation, loyauté dans les échanges.

15. Traiter les fournisseurs comme l'entreprise souhaiterait être traitée par ses clients et, pour cela, définir

conjointement avec eux des relations contractuelles fondées sur des objectifs partagés.

16. Ne pas reporter sur des fournisseurs et des sous-traitants, ni externaliser vers d'autres pays la responsabilité sociale et environnementale de l'entreprise.

17. Faire de l'entreprise un lieu de sensibilisation et de pédagogie à la protection de l'environnement et aux enjeux écologiques.

18. Intégrer les impacts environnementaux dès la conception de ses produits ou services et pendant tout leur cycle de vie.

19. Faciliter l'engagement des dirigeants et salariés dans des associations, organisations représentatives et collectivités publiques afin de participer aux orientations économiques et sociales du territoire.

20. Impliquer dirigeants et salariés dans le système éducatif en dispensant des cours, en participant à des projets pédagogiques, en accueillant stagiaires et enseignants.

21. Ouvrir l'entreprise et inviter une pluralité d'acteurs de la société civile dans le cadre d'au moins un projet par an : journée porte ouverte, concours, mécénat, fondation…

Ces actions déclinent les principes du manifeste « Pour donner un sens à la performance » (CJD, Marseille 2002). Elles constituent une base à partir de laquelle les Jeunes Dirigeants vont continuer leur recherche et leur expérimentation de la performance globale.